繭式文化與文化突破

馬森文集

在這資訊紛雜的社會中

看馬森層層卸下文化表象的桎梏

讓思維破繭而飛

Sen Ma
學術卷 09

秀威版總序

　　我的已經出版的作品，本來分散在多家出版公司，如今收在一起以文集的名義由秀威資訊科技有限公司出版，對我來說也算是一件有意義的大事，不但書型、開本不一的版本可以因此而統一，今後有些新作也可交給同一家出版公司處理。

　　稱文集而非全集，因為我仍在人間，還有繼續寫作與出版的可能，全集應該是蓋棺以後的事，就不是需要我自己來操心的了。

　　從十幾歲開始寫作，十六、七歲開始在報章發表作品，二十多歲出版作品，到今天成書的也有四、五十本之多。其中有創作，有學術著作，還有編輯和翻譯的作品，可能會發生分類的麻煩，但若大致劃分成創作、學術與編譯三類也足以概括了。創作類中有小說（長篇與短篇）、劇作（獨幕劇與多幕劇）和散文、隨筆的不同；學術中又可分為學院論文、文學史、戲劇史、與一般評論（文化、社會、文學、戲劇和電影評論）。編譯中有少量的翻譯作品，也有少量的編著作品，在版權沒有問題的情形下也可考慮收入。

　　有些作品曾經多家出版社出版過，例如《巴黎的故事》就有香港大學出版社、四季出版社、爾雅出版社、文化生活新知出版社、印刻出版社等不同版本，《孤絕》有聯經出版社（兩種版

本）、北京人民文學出版社、麥田出版社等版本，《夜遊》則有爾雅出版社、文化生活新知出版社、九歌出版社（兩種版本）等不同版本，其他作品多數如此，其中可能有所差異，藉此機會可以出版一個較完整的版本，而且又可重新校訂，使錯誤減到最少。

　　創作，我總以為是自由心靈的呈現，代表了作者情感、思維與人生經驗的總和，既不應依附於任何宗教、政治理念，也不必企圖教訓或牽引讀者的路向。至於作品的高下，則端賴作者的藝術修養與造詣。作者所呈現的藝術與思維，讀者可以自由涉獵、欣賞，或拒絕涉獵、欣賞，就如人間的友情，全看兩造是否有緣。作者與讀者的關係就是一種交誼的關係，雙方的觀點是否相同並不重要，重要的是一方對另一方的書寫能否產生同情與好感。所以寫與讀，完全是一種自由的結合，代表了人間行為最自由自主的一面。

　　學術著作方面，多半是學院內的工作。我一生從做學生到做老師，從未離開過學院，因此不能不盡心於研究工作。其實學術著作也需要靈感與突破，才會產生有價值的創見。在我的論著中有幾項可能是屬於創見的：一是我拈出「老人文化」做為探討中國文化深層結構的基本原型。二是我提出的中國文學及戲劇的「兩度西潮論」，在海峽兩岸都引起不少迴響。三是對五四以來國人所醉心與推崇的寫實主義，在實際的創作中卻常因對寫實主義的理論與方法認識不足，或由於受了主觀的因素，諸如傳統「文以載道」的遺存、濟世救國的熱衷、個人的政治參與等等的干擾，以致寫出遠離真實生活的作品，我稱其謂「擬寫實主

義」，且認為是研究五四以後海峽兩岸新小說與現代戲劇的不容忽視的現象。此一觀點也為海峽兩岸的學者所呼應。四是舉出釐析中西戲劇區別的三項重要的標誌：演員劇場與作家劇場，劇詩與詩劇以及道德人與情緒人的分別。五是我提出的「腳色式的人物」，主導了我自己的戲劇創作。

與純創作相異的是，學術論著總企圖對後來的學者有所啟發與導引，也就是在學術的領域內盡量貢獻出一磚一瓦，做為後來者繼續累積的基礎。這是與創作大不相同之處。這個文集既然包括二者在內，所以我不得不加以釐清。

其實文集的每本書中，都已有各自的序言，有時還不止一篇，對各該作品的內容及背景已有所闡釋，此處我勿庸詞費，僅簡略序之如上。

馬森序於維城，二○一○年七月二十三日

繭式文化──代序

　　人類在無文化的狀態是最自由的，但也是最沒有意義的。文化為人類的生活帶來了意義，為人類的生命賦予了某種目的，同時也就形成了某種束縛。正如繭之於蛹，既保護了蛹之生存，卻也限制了蛹之發展。蛹變而為蛾，勢必破繭而出，始可生存。也有無能破繭而出的，則只有窒息而死。

　　就世界上的文化發展而論，所有的文化都是繭式的。所不同的是人類遠沒有蛹蛾之幸運，破繭而出的極少，窒息而斃的極多。古埃及文化、古印度文化，終於成為埃及人和印度人的作繭自縛。巴比倫文化、麻雅文化、印卡文化等則竟把蛹窒息而死。現在中國文化也面臨著嚴酷的考驗。

　　如果把現代西方文化看做一個文化單元的話，這個文化是人類文化中極少數有能力破繭而出者。譬如說英國的君主政體本是一個繭，但是英國人成立了議院，形成了多黨競爭的政治局面，得以破繭而出，以致成為雖有君主而不專制的社會，使雖取消了君主而仍保留專制的國家瞠目不知所以。又如資本主義的昌盛也是一個繭，但是資本主義社會中的人又發明了福利社會制度，因而又可衝破資本主義之繭而出，未為資本主義的弊害所限，反倒使反資本主義之形式而具有資本主義之壟斷內涵的社會赧顏了。基督教的崇信也是個繭，但西方人可以把教義擺在一邊來研究科

學，又得以不受宗教之繭所窒息。這許多例子都可以使我們看出西方人破繭的功力。

另外一個破繭而出的例子是日本文化。日本人若有文化，當然也是繭式的。日本人沒有能力自己破繭而出，但卻能夠借外力而行之。在中古時代，日本人借中國文化之力，突破了日本固有文化之繭。明治維新而後，又借西洋文明之力。突破了中國文化所加予日本之繭。今日日本人倖存於世界，則全賴其破繭之功；否則以日本之地理環境而論，與爪哇人何異也？

中國固有文化之繭，同樣也保護了中國人的生存，但到頭來也不免限制了中國人之發展。中國人是否可以像西方人似地靠自身之創造力而突破之？或像日本人似地借外力而突破之？或竟然無能突破終走上麻雅人的命運？這種種可能，實在都掌握在中國人自己的手裡。

馬森

一九八三年七月廿九日於溫城

目次

民主的道路

中國人在現代化中所面臨的問題

關於現代化

「現代化」與「西化」

　　余英時先生在〈從價值系統看中國文化的現代意義〉一文中，很高明地點出了兩個重要的問題：一是「只有個別具體的文化，而無普遍抽象的之化」；二是「現代化不等同於西化」。現在我想再提出同樣重要的一個問題：即「文化是可以發展、可以變化的。」

　　如果我們拿西方「現代」「各別」的文化與中世紀歐陸「各別」的文化相比較，就知道今日西方「各別」的「現代文化」絕不同於中世紀歐陸「各別」的文化；其差異之大，尤甚於目前我國之「現代」面貌與明清時代中國文化之不同。由此可見文化之發展並不必定因其具有「各別性」而停滯不前，自然也沒有理由因文化本身具有具體的「各別性」而先決地認為其不便於改變，或不能發展！

　　西方國家何以獲得「現代化」的動力，是一個聚訟紛紜的大問題。但在眾多不同的聲音中可以析理出一個共同可以接受的脈絡，即是一種相對於「傳統惰性」的「理性」力量。

　　「傳統」從某一個意義上說，是代表一種文化的「惰性」。「惰性」者，就是隨原有的軌轍和趨向前進，不必加以思考、檢核，更不必消耗「額外的精力」而任其所之。西方的「現代化」卻是不管在科學研究上還是在政治與社會制度上都是一種大量消

耗人類「額外精力」的過程。這種「額外精力」消耗的主導原則，即是「理性化」。所以西方國家的「現代化」無寧是一種時時在檢核「傳統」、修正「傳統」的「理性」的發展。

如果其他文化在遭受到西方現代化的衝擊之後，也無能再繼續固守原來的「固有」文化。而不得不受到西方「現代文化」中種種具體而各別的事物的影響，在表面上看來，這些文化中的「現代化」幾乎等同於「西化」。但是如果一旦憬悟到西方的「現代化」不過是一種「理性化」的發展，因而抓到了促進「現代化」的原動力量，各自針對本體的文化加以「理性」的檢核與過濾，其結果必定有異於在西方傳統的基礎上所發展起來的「現代化」。那麼，其他文化的「現代化」就不必等同於「西化」。

但是可悲的是運用本身的「理性」並不是件簡單的事。第一、「傳統」的「惰性」非常巨大，在其籠罩下，創造一個容許「理性」發展的環境非常不易，需要「額外精力」的任何理性活動不易獲得出路。第二、西方的影響力也非常巨大，致使不費力地借助外來理性的成果遠遠凌駕於運用耗費精力的本體理性的啟發。因此之故，本體理性的發展反倒隱而不彰了。這大概正是目前發展中國家所共同面臨的難題。

一九八四年二月五日於台北

附錄
現代化、理性化與傳統

杭之

　　三月一日馬森先生在〈現代化與西化〉一文中，為了討論「文化是可以發展、可以變化的」這個問題，指出「西方國家的『現代化』無寧是一種時時在檢核『傳統』、修正『傳統』的『理性』的發展」，因而，非西方國家若憬悟到這一點，也可以「抓到了促進『現代化』的原動力，各自針對本體的文化加以『理性』的檢核與過濾，其結果必定有異於在西方傳統的基礎上所發展起來的『現代化』。」在該文中，馬森先生在某個意義上把傳統與惰性之間、現代化與理性化之間劃上等號。筆者認為這個論式太過簡化，提出來討論一下，以就教於馬森先生和讀者。

　　本文要指出的論點是：現代化並不等於理性化，傳統也不等於惰性；現代化與理性化之間、現代化與傳統之間、理性化與惰性之間的關係是極其錯綜複雜的，各個之間都存在著相適的關係，也都存在著緊張的關係。

　　認為「西方的『現代化』不過是一種『理性化』的發展」，這個觀點是許多現代化理論學者所共同接受的，它建築在一種預設上，即認為在社會組織、價值系統上有一個二分的「傳統－現代」的兩極體，要從「傳統」躍入「現代」必須在價值、制度、行為模式等傳統社會的規範、結構上作一「質」的轉化而改變為現代社會的價值、制度、行為模式等等，這種「質的轉化」的動

力即是所謂「一種相對於傳統惰性的理性力量」，在這理性力量的推動下，一種社會行為和社會組織的理性化過程於焉展開，這就是所謂的現代化。

對這個理論之批判，反省的觀點很多，這裡無法，也無需多作引述。我們只從一個很基本的角度就可以問：檢核、修正傳統的理性力量究竟是什麼？我們在社會組織、價值系統上以什麼為「標準」（或者嚴格說，以什麼為「終極概念點、分析點」）來檢核、修正傳統呢？筆者認為如果不釐清這一類問題，我們根本無法思考「針對本體的文化加以理性的檢核與過濾」這類問題。事實上，上述現代化理論是不加思索的把西歐四百年來發展出來的價值、行為模式、社會組織等規範、結構當作一個「標準」，認為這些就是「理性的」規範、結構，這也就是為什麼一般都把「現代化」等同於「西化」，即使如馬森先生這樣意識上要說明「現代化不必等同於西化」，但在無意識的認知層次上仍然落入形式化思考的窠臼，認為要「各自針對本體的文化加以理性的檢核與過濾」。

事實上，上述現代化理論是將德國思想家韋伯（Max Weber，1864-1920）探討近代西歐文化的特質所提出來的觀點加以簡化、庸俗化的結果。所以，追溯韋伯的思考或有助於幫助我們釐清一些問題。簡單的說，韋伯認為近代西歐資本主義的成立是自由勞動組織、資本計算、科學技術、法律、官僚制度……等等理性化的結果。他進一步分析促使這些自由勞動組織、資本計算、科學技術、法律、官僚制度……走向理性化的原動力，認為這跟基督新教的倫理觀點有很大的關連，也即這些新教徒由於特

殊的倫理、宗教救贖觀點而產生一些複雜的宗教心理過程，促使他們去追求俗世裡的合理生活，因而有系統地、理性地組織整個現世的生活，這便是自由勞動、資本計算、科學技術、法律、官僚制度等的理性化。換句話說，韋伯認為嚮往來世的救贖而在現世將生活理性化，這乃是制慾基督新教的天職（calling）觀念所產生的效果。所以，在韋伯看來，西歐理性主義的發展（西歐近代資本主義的發展只是其結果）與其說是直接從人的理性（rationality）產生的，不如說是有條件地從宗教之理性化的特殊過程中產生的。

　　由此我們可以看到，從韋伯的分析架構看來，「西方的現代化不過是一種理性化的發展」這一觀點只將問題說了一半，而忽略了很重要的另外一半，現代化理論幾乎都有這毛病。在韋伯的分析裡，為了掌握問題的全貌，他把「理性」分成二種，一種叫「目的理性」（或叫「工具理性」），是指在任何功利目的之追求上把特定目的，各種可能採取的手段，其可能的結果都一一納入考慮、計算的態度，如前述理性的資本計算即是。另一種叫「價值理性」，是指有意識地相信一定行為之無條件的價值，不計其結果為何都要去完成它的態度，如宗教徒之宗教實踐行為即是。這二種理性態度，從任一方看來，另一方都是很不理性的。例如從只問結果之「目的理性」的立場看來，宗教徒為信仰而凜然殉教是很不理性的。而另一方面，從只問價值不問結果的「價值理性」的立場看來，諸如理性的資本計算這類「目的理性」常常是抹殺了價值，因而也是很不理性的。換句話說，二者之間是存在著緊張的關係。但是很有趣的是，在韋伯的分析中，卻發現

基督新教徒為求來世的救贖（這是一種「價值理性」的表現），卻促使他們有系統地、理性地組織現世生活（這是一種「目的理性」的實現）。這也就是說，從「目的理性」看來很不理性的「價值理性」推動、促成了「目的理性」的實現。

如果韋伯的分析架構對我們思考文化問題還有啟發價值的話。我們可以看到現代化理論所指的「理性化」其實只是一種「目的理性化」，整個近代西歐文化的成立遠比這來得複雜，且推動這種「目的理性化」的經常是很「不理性」的「價值理性」，而依筆者看來，後者只能存在於尚具活力的「傳統」之中。從一個僵硬的「傳統」（在這種情形下，傳統當然可視為一種文化的惰性）中，因為只有因循前例，我們不可能從其中找到使我們可以掙脫這因循的資源。假如我們沒有這資源，我們將以什麼為標準、根據來檢核、修正僵硬的傳統呢？有人認為當然可以以西方的價值為標準來檢核、修正我們的傳統，上述現代化理論就是這樣認為。姑不論這樣的現代化（即西化）在情感上、理智上有沒有必要，即使在現代精微的知識理論解析下，這見解也是有困難的。但是，在一個尚具活力的「傳統」中，它固然也有惰性，因循的質素。但它也能以無法明白列示的方式傳遞某些價值、資源給生活於其中的人，他們才能以這些價值、資源為起動點來推動「目的理性化」，來檢核、修正傳統。這也就是說，真正的創造只有在具有創造性的傳統中才能獲得。這一點已有一些當代的思想家在知識理論上強有力地辯解了。由以上簡單的分析，我們可以說「現代化」並不就等於「目的理性化」，「現代化」也並不排斥「傳統」，「傳統」也並不就等於「惰性」。

　　再從另一個角度來看，近代西歐文化之燦爛成就是「價值理性」推動之種種「目的理性化」的結果，但在這同時，「目的理性化」的另一個結果是它脫離了當初的精神推進力而奠基於機械的，計算的基礎上，因而走上例行化的僵硬道路，此時，「目的理性化」幾乎就是「惰性」的同義語了。這種現象在七、八十年前韋伯已敏銳地指出來。到了今天這個高度工業化的社會，這種「理性之暴政」的文化危機不但是許多關心人類前途的思想家不斷探討的問題，即使是一般人也都能或深或淺地感覺到了。從這一點來看，（目的）理性化並不一定就是主導人類消耗額外精力的原則，它也有例行化的惰性面，而且往往是很強的。換言之，（目的）理性化也可以變成隨原有軌轍和趨向前進的「惰性」，因而需要新的創造力量去檢核、修正它了！

　　筆者希望以上簡略的討論已能大致說明了本文的論點。筆者相信這些論點的釐清有助於我們在反省文化問題時，從形式化概念之泥沼中超拔出來，而進入到實質問題中從事問題的疏解、分析，如此，我們才有可能在繁複紛雜的文化現象中看清楚問題的癥結在那裡，以從事進一步的反省。

原載一九八四年三月二十四日《人間副刊》

再論「傳統」與「現代」

　　我很感謝杭之先生很細心地讀了「東西看」專欄中的拙文〈現代化與西化〉（見三月一日本刊），並提出了一些質疑（見三月廿四日本刊），杭之先生的某些意見我也有同感，但是有幾個重要的論點我卻不盡苟同。

　　首先使我感慨的是，正如前次拙文所言「西方的影響力也非常巨大，致使不費力地借助外來理性的成果遠遠凌駕於運用耗費精力的本體理性的啟發，因此之故，本體理性的發展反倒隱而不彰了。」杭之先生正是借助了韋伯在《新教的倫理與資本主義精神》（*Protestant Ethic and the Spirit of Capitalism*）一書中的研究成果做為他理性分析的主要論據。只是他在提及「西方的『現代化』不過是一種『理性化』的發展」時，認為以上的論點乃建築在一種「社會組織、價值系統上有一個二分的『傳統』－『現代』的兩極體」的預設上，卻是一種誤解，因為這種預設既不是韋伯的，也不是我的，或大多數其他對此問題深思過的人士的。

　　第二、杭之先生一文的論點主要乃在「現代化並不等於理性化，傳統也不等於惰性；現代化與理性之間、現代與傳統之間、理性化與惰性之間的關係是極其錯綜複雜，各個之間都存在著相適的關係，也都存在著緊張的關係。」此一論點實在並沒有反駁了什麼，或說明了什麼，因為拙文中所謂「『傳統』從某一個意

義上說，是代表一種文化的『惰性』」，「所以西方國家的『現代化』無寧是一種時時在檢核『傳統』、修正『傳統』的『理性』的發展」諸語，並不等於在「傳統」和「惰性」之間及「現代化」與「目的理性化」之間劃上等號。拙文也未否認其間錯綜複雜的關係。只因在一篇一千字的「專欄」文章中，無法衍伸其複雜性，正如杭之先生的兩千多字的文章一樣有把問題簡化的傾向。

　　第三、文字上抽象的議論，都免不了使用「形式化概念」。如果說拙文提出的「惰性」、「理性」、「額外精力」等是「形式化概念」，那就很難說杭之先生所借用的韋伯先生的「目的理性」和「價值理性」，不是「形式化概念」。因此之故，看了杭之先生的文章，恐怕讀者們不獨無法從「形式化概念」的泥沼中超拔出來，反倒要在「形式化概念」的泥沼中愈陷愈深了。

　　然而我仍然很感謝杭之先生給我一個稍稍闡釋一下我那「太過簡化」的論式的機會。

　　既然杭之先生引用了韋伯的「形式化概念」，我也只好借力使力，也來借助一下韋伯先生的「研究成果」。韋伯其實把人的「社會行動」分作四種：一是「目的理性行動」，即行動者構組起一切必要的手段以達成其所清楚認定的目的。二是「價值理性行動」，即行動者本身認同於一種具有道德價值的觀念。三是「傳統的行動」，即是由成俗所指示的行動。四是「感情的行動」，即是純情緒的反應。簡要言之，前二者屬於「理性」的範疇，後二者並不屬於「理性」的範疇。我想韋伯先生和我都不會愚蠢到否認「現代人」也具有了「傳統的行動」及「感情的行

動」，因而也不會把前二者與後二者兩極化對立起來。其實問題還不在於前二者與後二者是否對立，而在於韋伯的「形式化概念」在今日是否還是人類學家和社會學家借以為分析問題的有效工具。因為韋伯的大前提設立在西方資本主義的興起主要由於新教徒心中的「神召」（calling）。他同時也研究了中國和印度兩種文化（見其《中國宗教》與《印度宗教》兩書），做為此一大前提的反證，即中國人的宗教及印度人的宗教都欠缺了這種「神召」，因此在中國和印度都不曾發展出資本主義來。如果我們換一個角度，譬如借用李維－史陀（Claude Lévi-Strauss）的結構理論來看，就知道韋伯也有把問題簡化的傾向。這恐怕也就是李維－史陀本人在其「神話」的研究中拒絕拿一個單一的文化現象來解釋文化演變的道理。

如果容許我也來批評一下韋伯，我卻認為他的「目的理性」和「價值理性」的分法是有問題的，因為「價值理性」中的「價值」也是一種「目的」。如只就「目的」的內涵異指之處設論，未嘗不可如此分；但如與「傳統的行動」和「感情的行動」比較而言，「價值理性行動」則並非不可併入「目的理性行動」之中。

人的「目的理性行動」自然不是到了現代才有的，恐怕自從人這種動物可以稱之為「人」開始，就有了「目的理性行動」的存在。不過，在人類進化的過程中，這種「目的理性行動」與「傳統的行動」、「感情的行動」卻有比例上的程度之分。如就西方的進化而言，大概在文藝復興以後，或者更晚一點，在十七八世紀的思想啟蒙運動以後，這種「目的理性行動」在全部「行

動」中所佔的比率就越來越大了。所以我在前文才會說「西方國家的『現代化』無寧是一種時時在檢核『傳統』、修正『傳統』的『理性』的發展。」

然而不管「目的理性行動」在現實生活中佔有多大的比例，總不能完全取代「傳統的行動」和「感情的行動」的地位，否則人類將成為《M的旅程》中所顯現的那種機器人了！反言之，在過去的人類發展過程中，不管「目的理性行動」在全部「行動」中所佔的比率多麼小，也仍然有它的地位，否則人類絕不會進化到今天這種樣子。我們應該知道，從「傳統」到「現代」是像流水一般流下來的，絕不能把「傳統」與「現代」截然分作兩極。實際上，「傳統」中的成分都曾經「現代」過，而目前的「現代」也必將成為未來的「傳統」。所以這種以「理性」檢核「傳統」、修正「傳統」的行動，本是人類的一種持續的行為，「現代人」之所以異於過去者，只不過現代的人更加清楚地意識到以「理性」檢核與修正「傳統」的「存在性」及「必要性」而已。

檢核「傳統」與修正「傳統」，都並不是否定「傳統」，或取代「傳統」。但是在這一個層面上，應與「創造性」的問題無關。如把「創造性」與「傳統」扯在一起，那是弄錯了範疇。「創造性」，在榮格（Carl Jung）一派的心理學家看來，是來自深不可測的「無意識」（unconsciousness）之中，這種「無意識」以及「潛意識」（subconsciousness）都是過去與現代都存在著的，並無「傳統」與「現代」之別，既有具有「創造性的傳統」，也必有具有「創造性的現代」！所以這個問題並沒有像杭之先生所指出的已被「當代的思想家在知識理論上強有力地辯解了。」

　　「目的理性行動」就韋伯的原意而論，如不是人類的一種本能，至少是人類形成社會以後的一種已具有的特徵，也就是說為了達到一定的目的，人類早就知道在可及的範圍內運用種種力所能及的手段。然而這種特徵卻在不停地進化發展著。拿一個僻居窮鄉僻壤的農夫與一個紐約華爾街的企業家相比，其「計算的基礎」，可資應用的手段及思考的範圍，不可以道里計。這就表明了這種「目的理性的行動」的確有程度上的區別。但是卻也不能因此就說明僻居窮鄉僻壤的農夫比華爾街的企業家更具有「傳統」的創造力！也不能因此而推論出「目的理性化」必走上「例行化的僵硬道路」或「幾乎就是『惰性』的同義語了」。

　　現代人的「目的理性行動」是否成為「惰性」，端視其本體是否已成為「傳統」。如已成為「傳統」，針對未來的「目的理性行動」而言，就會表現出一個「惰性」性格；不過那是未來的事。我仍然相信人類「理性」加上「無意識」中汩汩而出的「創造力」，會解決人類未來所面臨的問題。我也仍然希望每一個文化傳統中的本體理性，都可以獲得自發性的發展。

　　　　　　　　　一九八四年三月二十四日於台中

懷五四
——看中國現代化中的矛盾

　　轉眼間五四運動已經過了六十六個年頭了，五四時代的健將已經凋零殆盡，五四運動那年出生的娃娃都已經六十六歲，到了退休的年紀。今日的中年人，只能說是五四人士的第三代。回想祖父那一輩所提出來的民主、科學救國的方略，經過三代人的努力，到底實現了多少？就不能不產生一些感慨的情懷。

　　五四，從一個反抗強權的救國運動，發展成一個對傳統加以檢討、反省的文化運動，多少在中國的土地上造成了某種意識觀念的分裂現象：一方面是激進人士的破除傳統，一力西化；另一方面則是保守人士的維護傳統，反洋排外。前者的極端，反映在打倒孔家店、全盤西化的主張上；後者的極端，反映在扶清滅洋的義和拳式的精神。但是二者的出發點均在救國，只是所採取的方略不同而已。

　　今日就世界的範圍來說，多少可以找尋出這兩種傾向的具體例證。東方民族受到為科學與民主武裝起來的西方列強的衝擊之後，用以自衛的方式也不外乎西化與反西化兩種手段。採用前者最成功的例證可以說是日本。日本從一個文化保守、經濟落後的封建社會，幾乎沒有遭受到很大的阻力，在短短的一百多年間，成功地蛻變成一個具有了民主與科學的工商業社會。不但在商業和軍事上都可以毫無愧色地與西方列強相抗爭，而且在某些科學研究和

經濟生產上已超過了西方國家。由此可見，科學與民主並非具有種族與國境的界線，任何民族只要掌握得方，都可以發揮力量。

另一個相反的例證就是美洲的印地安人。印第安人採取的自衛手段，可以說完全是義和拳式的。其出發點當然是出於高貴的愛國愛民的情操，其行為也極為悲壯感人；然而產生的效果則幾乎等於零。在一再的反抗、殺戮、反抗的循環之後，到了今日不得不承認完全失敗了，愈來愈少的劫後餘存的子孫，只落得在白人的保護區中苟延殘喘，不但無法接受他人的新文化，連自己的固有老文化也完全失去了。這又足見天地不仁，並不因印地安人佔有了正義與道德，就助其一臂之力。

自然印地安人的歷史經驗不同於日本，也許無能採取義和拳以外的手段來對付西方的列強。中國則幸而不是印地安人，中國的歷史經驗是可左可右的。在康梁維新的時代，中國人就可以決定自己的大方向。但終因中國是一個文化深厚、人口眾多的大國，不能不造成復古與維新的矛盾。於是出現了義和拳，出現了軍閥的混戰，最重要的則是造成了西化與反西化的意識觀念的分裂，以致在走三步退兩步的情形下浪擲了無數寶貴的光陰，使中國人民遭受到無數無謂的痛苦與折磨，到今日這種意識觀念的矛盾並沒有消弭。

這種矛盾雖然阻滯了中國現代化的速度，但從另一個角度來看，這兩種相反的力量也未嘗不可以達到相反而相成的平衡作用，但這要在二者均不走極端，均具有妥協的精神之下才可以完成。

一九八五年四月十六日於英倫

論資本主義

資本家的歷史角色

社會主義信徒的最大蒙昧之處，乃在不明瞭歷史的進程並非完全遵循人的意願，而更要倚恃具體的社會條件。

民主政治的出現就是如此。民主政治不只是一種理想，同時也是具體歷史條件的演進結果。徒有理想，如無具體歷史條件的配合，並不能成為事實。此可以我國與西方的民主進展為例。兩千年前，在我國已有孟子提出「民為貴，社稷次之，君為輕」的主張。又倡導「天視自我民視、天聽自我民聽」等先進的論調。正因為這種主張和論調沒有實際歷史條件的配合，才只能停留在理想與空論的階段，孟子以後兩千多年的王朝中，民從不曾貴過，君也從不曾輕過，天視天聽均來自包圍君的一群貴人、宦官和近戚。如果君偶然肯聽宰相幾句話，像李世民者，世人已尊之為明君了。希望君去聽平民百姓的話，那真是妄想！

兩千多年前的英法，不但不曾有孟子般的先進思想，甚至正處於尚未開化的原始時期。但是後來英國的工業革命與法國的社會革命為這兩個國家的民主政治創造了條件。特別是工業革命，不獨使英國一國，而是使多半西歐的國家從宗教崇信的中古時代進入到資本主義的社會。民主的思想和實際形成，正是與資本主義共生共存的。

　　在人類的歷史經驗中，可以說沒有資本主義，就沒有民主政治。人類期望從另一條道路達成民主的理想，到現在還沒有出現過。社會主義者所修建的民主道路，經過了幾十年的實驗，無不一一落空。現在有些社會主義國家在經濟停滯、民怨鼎沸的時刻，不得不回過頭來有限度地容忍資本主義，在這種情勢下，如再繼續盲目囂嚷從社會主義一樣也可以達成民主，則未免是不顧歷史事實的欺人之談了。

　　資本主義為什麼促進了民主政治呢？簡單地說就是資本主義造就了一批握有實力足以和王公大人在權力上相抗衡的資本家，這些資本家先以雄厚的財力又引誘又逼迫地奪了世襲皇室的權，繼則用同樣的方法操縱了民選政治，成為政治領導的後台。因此當權的政治領導才不能為所欲為。

　　這樣的條件在先資本主義的社會中就難以產生。因為在資本主義不發達的社會中，資本家的財力有限，工商各界無不看王室及政治領導的眼色。在趙孟貴之，趙孟亦可賤之的情形下，有誰足以與政治領導相抗衡呢？

　　資本主義發展的初期，世襲的王公大人也並不那麼情願與資本家分權，無奈資本家愈來愈握有實力，如不妥協，只有自取滅亡。胡塗的法國王室就步上了斷頭台，聰明的英國王室，雖然分了權，卻成功地為人類歷史創造了議會政治，其後世子孫至今仍享有無上的榮譽與尊崇。

　　就西歐民主政治發展的過程而言，資本家可以說在其中扮演了決定性的角色。法國大革命之所以失敗，也正因為是暴民革

命，最後還得要資本家出面扶持，才使法國也走上議會民主的道路。

一九八四年十二月二十六日溫城

資產階級的道德

　　如果我們肯定近代的民主政治是資本主義發展的副產品，那麼真正支持民主政治的就是自中世紀以後日漸冒升而壯大的資產階級，或者廣義地說成中產階級也可以。

　　任何國家的貴族和掌權者當初都不喜歡民主政治。今日自然大家都了解到，民主政治不但對資產階級有利，就是對貴族與無產階級也同樣的有利。可是在民主政治建立的初期，大家並沒有這種一致的看法，掌權的貴族總以為有了議會和民選以後，無寧是被奪了權，心中十分難受。但是當日掌權的貴族之所以不得不與資產階級妥協的原因，除了資產階級日漸壯大的財力以外，還有一種使貴族階級不能不屈服的資產階級的道德感。

　　我們知道德國社會學家馬克斯·韋伯（Max Weber）就認為資本主義的發展與基督教的清教徒的精神有密不可分的關係。據韋伯的研究，資本主義發展的初期，資產階級多半都是崇信基督的教徒，他們聚斂的行為並不是為了私慾，而是為了一種神召的使命感，至少也可以說是一種私慾與神召合而為一的行為。因此這些人的生活很嚴肅、行為十分檢點，他們對教會及社會的貢獻也相當慷慨。因此之故，他們在與掌權的貴族在權力上競爭的時候，精神上才能立於不敗之地。這一點韋伯雖然沒有明言，可是根據他的研究成果，很容易推演出這樣的結論。

　　我們只要翻開英國的歷史，就可以看出來，在維多利亞女皇時代，皇族的道德完全依附於以中產階級為中心的清教徒精神。當然在今日看來，維多利亞時代的清教徒精神無寧是一種偽君子的假道學，但是這是清教徒精神的極端發展及其末流所造成的結果，就好像東漢時代光武中興所仰賴的「氣節」，其末流變為虛文假套，而終引起了魏晉時代人的反動一般。清教徒精神的肇始，的確具有很多正面的影響。資本主義，以至民主政治之所以發展成熟，與當日資產階級所具有的強烈的道德感實在有非常密切的關係。

　　西方的資產階級的道德感多半來自革新了的基督新教的教義。這種歷史的巧合，使資產階級如虎添翼。

　　回顧近幾十年來我們也有一個中產階級日漸冒升與壯大。但不幸的是卻造成了無數經濟犯罪的結果。所以有這種現象，不容諱言的是我們這一個新興的資產階級缺乏了樹立人格的道德感。我們的舊儒學已衰微不振，而新儒學尚未發生，佛教又流於鬼神迷信的層次，使我們這個新興的資產階級除了發展其拜金狂的貪婪性以外，在精神上無所附寄，難怪流於枉法犯罪之途了！

　　這種歷史性的風雲際會的欠缺，很可能會損傷了我們民主政治的進程。

　　身為資產階級的人們，該不該反省一下自我的道德意識、社會責任以及歷史使命呢？

一九八五年三月二十三日於英倫

中產階級與自由

　　我國古無自由一詞，也無自由之概念，大概跟缺少中產階級有些關係。農業社會中，身無長物的貧農，固無自由可言，有房有地的地主，叫地皮給拽住，又有多少自由？

　　在西方自由的概念也跟中產階級有密切的關係。不給貴族種田做工了以後，可以隨便通商、積財、遷居，才有自由可言。何況要自由，得先吃飽穿暖了才行，在飢寒線上掙扎的人沒有自由！也不奢望自由！

　　要做什麼就做什麼的貴族，不會想到自由；什麼也不能隨便做的平民，難以夢想到自由；只有有些事可以做，又有些事不可以做的中產階級，才真正嚐到自由的甜頭，而渴望更大的自由。

　　如果中產階級成為人口中的多數，自由的誘引便變成一股巨大的力量，成為社會上一隻無形的手，來操縱人們的行為舉止。為什麼會產生自由貿易的理論與政策？因為中產階級希望在經濟生活上有更大的自由。為什麼會產生民主政治？因為中產階級希望在社會生活中有更大的自由。自由貿易與民主政治跟中產階級的興起有互為因果的關係。

　　中產階級，也就是小資產階級，所擁有的資產不如大資產階級，但是一定擁有相當的資產，與一清二白的無產階級完全不同。百年前西歐國家的人口中還有大批的無產階級，所以產生了

馬克思的「無產階級革命論」。今日自稱無產階級的產業工人，譬如礦工、鋼鐵工人等，多半都擁有了一所住宅，加上固定的收入，物質生活早已超過了百年前中產階級的標準，自由的需要也相對迫切起來，你想這些人的意識型態能不發生變化嗎？

如果一國人口中的無產者佔了大多數，不發生無產階級革命才怪！就目前的歷史經驗而言，無產階級革命肯定會帶來極權主義與專制政體，因為無產階級不需要自由，也不肯把自由給別人！預防無產階級革命的有力手段，不是屠殺與鎮壓，而是使人人都變成有產者，也就是目前資本主義國家所運用的「福利社會制度」和「均富政策」。在這種政策下，絕不容許任何人非法的積財。既有合法的積財之道，向人人敞開了致富之門，又有嚴厲的遏止非法積財的手段，使人人知法不可輕犯。就同時保障了社會正義，也開放了個人自由。於是自由與財富成為現代人追求的兩大目標。

知識分子多出身於資產階級和小資產階級。少數無產階級出身的知識分子，一旦進入知識分子的行列，也無不沾染了小資產階級的意識型態和習氣。什麼是小資產階級的意識型態？簡而括之的一句話：就是「自由主義」！承認也好，不承認也好，沒有一個知識分子不需要自由，不肯定自由，不熱望自由。參加無產階級革命的知識分子，其原始的意圖也是為了自由。如果大資產階級不給予知識分子足夠的自由，在造成無所選擇的情形下，知識分子只能投入變革現狀的革命行列。但是真正的無產階級絕不信任知識分子，因為他們知道知識分子永遠不能擺脫小資產階級的自由意識。你不給他資產，他當然要自由，你給他資產，他更

需要自由。無產階級政權解決不了這個問題，除非他完全排除知識分子，或放棄知識的追求。

　　無產階級常批評知識分子是個動搖的階級，不可信任。其實知識分子並不動搖，知識分子永遠追求的是社會正義與個人自由。動搖的反倒是無產階級，許多無產階級在革命以後都背叛了革命前的理想和諾言；而更多的西方國家的無產階級本身早已不再是無產階級，實際上已具有了中產階級的意識型態。

　　無產階級真的不需要自由嗎？非也！在吃不飽、穿不暖的時候當然不能奢言自由！在吃飽穿暖以後，自由的意願便越來越重要了。如果無產階級的革命，其主要的目的在使人人吃飽穿暖，先天上便為人人製造了追求自由的環境。這時候來改造知識分子的意識型態，又具有什麼意義呢？因為遲早連原來的無產階級都要蛻變而成中產階級的意識型態。

　　自由是一種思想概念，是人類發展到某一個歷史階段而形成的一種概念，也是在具體的經濟社會生活的變革中滋生成長的。本來具有無限自由的人，不需要自由；全無自由的人，也不敢奢望自由；只有半自由的中產階級才是自由的真正維護者。如果未來世界的社會結構走向以中產階級為主的社會，誰又能阻遏「自由」這一隻無形而有力的手呢？

　　　　　　　　一九八五年四月十七日於英倫

競爭與合作

　　最近的三百年間，西方的思想家不時地沉思、爭辯人類競爭與合作的問題。像英國的霍布斯、洛克、斯賓塞、法國的孟德斯鳩、盧騷等都曾為此澆潑過大量墨汁。達爾文更直截了當地提出了「物競天擇」的理論。

　　但理論終歸是理論，更重要的卻是實踐的驗證。如果人類在「物競」中存活了下來，人就應該屬於「弱肉強食」中的強者。事實上人在體質上強壯不及牛馬，兇悍不及虎豹，那麼人類的強處何在呢？前人解釋說，那是由於人類會思考，這就是人類的強點。會思考的結果就是能夠總結經驗，認識到與「競爭」對立的「合作」之重要。人類的個體雖然比不過牛馬虎豹，但合眾人之力就比得過了。所以說人類在眾獸的競爭中不獨存活下來，而且進一步統馭了世界，不能說與人類的「合作」沒有關係。合作雖是一種長處，但如沒有競爭的合作，是不是會流於「蟻穴」、「蜂巢」一般的境地呢？這個問題成為當代人思考的重點。

　　我們回顧近兩百年的歷史，就可以看出十九世紀帝國主義的暴力擴張，實在正體現著達爾文主義和斯賓塞的社會達爾文主義的理論。這種暴力擴張，實質上就是日漸發達的資本主義在爭奪自然資源和貨品市場上的競爭。其最高點即導致了二次世界大戰的原子戰爭，使世人都不多麼顧惜的日本成了原子彈的第一個

試驗場。如果繼續這樣競爭下去，誰又敢保險其他國家和地區不會步上日本的後塵，也吃上幾顆原子彈呢？會思考的人類的腦筋於是又轉到合作的方向上，這就是二次世界大戰後的聯合國的成立。聯合國也許解決不了人類實際上的紛爭，但在精神上卻樹立起一種合作的徵象，使人類不要忘記競爭不能解決的問題，也許在合作精神的導引下就可以解決了。

　　然而真正以實驗證實了合作可以在資本主義的發展上替代帝國主義式的暴力擴張的，卻是現代工商業者所組成的跨國公司。這種跨國的企業，不但使工業國之間開啟了合作的門戶（例如西歐共同市場的建立），而且也可以使工業國與發展中的國家間逐漸擺脫過去那種剝削者與被剝削者的關係，而使雙方共同獲利。

　　也許有人可以舉出美國的跨國公司在中南美所形成的新剝削階級幾乎等於是十九世紀帝國主義的一種延續。但是所以形成如此的結果，中南美洲本身的社會結構也應負一部分責任，因為在其他地區，如西歐與東南亞，跨國公司所造成的影響與結果則完全不同。

　　不過人類的競爭並不因為目前資本主義社會間的經濟合作而停止。最大的競爭仍表現在美蘇兩方面的軍備競爭上。雖然理智上大家都了解到這種競爭的結果威脅到全人類的生存，對雙方都不會帶來任何好處，但是要從競爭轉化而為合作，卻真也不是件容易的事。

　　設想果然今日美蘇息爭而攜手合作，人類共同無競無爭地來經營一個「大同世界」，那麼最佳的結果是否就是「蟻穴」與「蜂巢」的那一種境地呢？這是過去的烏托邦思想家（包括馬克

思在內）心嚮往之的境界，但是卻為二十世紀的思想家愈來愈懷疑，愈來愈驚懼的一種結果了。

如何在競爭與合作之間求取一種諧和，才是今日人人均關心的問題。體育是一個很好的例子，特別是團隊性的比賽，不但在競爭，同時也在合作。那麼體育今日之所以如此重要，就可以看出不但有關人類體魄的健康，實在密切關涉到人類精神的導向。也許有一天我們終會從體育中悟到或養成一種習慣，如何同時在競爭中合作而又在合作中競爭。

一九八四年十一月二十四日於英倫

享樂與苦行

　　回顧人類的發展過程，從心理及行為的表現上看來，大概不出兩種兩極化的傾向：一是享樂主義、一是苦行主義。

　　享樂主義肯定存在的現實性，放縱感官的慾望，其極端就是酒池肉林，羅馬帝國的末日景象。苦行主義則懷疑現實存在的價值，寄理想於天國或未來，約束感官的作用。越王句踐的臥薪嘗膽、王寶釧的苦守寒窯是最典型的苦行主義。前幾個世紀盛行英美的清教徒作風、英國人的自刑習俗、德國納粹以前及納粹當權時的禁慾行動、法意青年男女的獻身基督、蘇聯及中國大陸所實行的社會主義的自清運動、雷鋒精神，都是苦行主義的具體例子。

　　苦行主義的目的在加強人的意志以完成志業，享樂主義的目的則是肯定現世的意義，享受當下的生活。從歷史長流上看，二者所產生的結果雖然不同，並沒有客觀價值上的高下之分。羅馬帝國雖然滅亡，羅馬人的子孫卻長留於世；越王雖然復國成功，今日越國又在何處？所以如果論到價值，只是一種主觀的心理作用。羅馬人的縱情聲色，他們認為雖國破身亡也值得。越王的臥薪嘗膽，他認為只要達到報仇復國的目的，即使後世子孫永遠像他一樣地過著臥薪嘗膽的艱苦生活也無所謂。二者的極端都會為人帶來災禍，二者所造成的結果也都無法自圓其動機的正確性。因此與其評斷二者的是非，不如瞭解二者的心理根源。

在過去，大概有原罪感的民族，多偏向於苦行主義，清教徒精神就是最好的代表。缺乏原罪感的東方民族本應偏向享樂主義，但艱苦的經濟生活和地理環境也使其在享樂中雜揉了苦行主義。譬如在我國，男人一般都偏向於享樂，卻盡力鼓勵女人苦行，自然以「天將降大任」自許的危險人物是例外。苦行是一種虐己的行為，虐己之後便難免兼帶虐人。享樂的人雖寬以待己，也寬以待人，但到了放縱的地步，也可能由寬厚轉為肆虐。究其原始心理，多半是起於對一己的性質（人性）的奧祕所懷有的恐懼感。人並不了解自己，當然也不了解感官的作用以及因感官作用而起的行為。所以在自防的原則下便傾向於苦行。現代人比起古人來對一己的了解較多，因而在行為上也比較開放。但是這種了解仍然不足，奧祕仍然存在，恐懼感自然也未能消除，寬縱與約束反映在經濟與政治行為上，便造成了今日資本主義和社會主義兩大集團的對立。

資本主義社會中人的一般心理與行為，多偏向於享樂，然這並不是說資本主義社會中沒有苦行的例外。社會主義的意識型態則偏向於苦行，但這也並不排除社會主義社會中多的是享盡人間之樂的高級幹部。偏向享樂，肯定當下現世的生活價值，才會為眼下的問題操心。偏向享樂，容許放縱一己的感官，才能容人，較為容易開出民主與自由的空氣。偏向苦行，則只有把苦行的代價寄託於未來的理想（未來的享樂）以自解。享樂既然置於未來，無人能保證其必然實現，所以基本上反變成以苦行為樂的一種自虐心理。如果大多數人具有這種心理，就可以忍受得了政治上的極權、人權的侵迫和經濟上的匱乏。在社會主義社會中不以

為苦的雷鋒之類，就是這種心理的具體代表。雷鋒當然很看不起資本主義社會中的行為與風氣，也不以為民主、自由和人權有什麼重要。重要的既是吃苦，有了這些反倒吃不成苦了。

資本主義社會中雖然享有相當的民主與自由，卻常常欠缺理想。也容易流於縱慾。雖然存在主義者企圖以當下的存在替代未來的天國，以對生命所負的責任代替空洞的理想，但看慣了天邊浮雲的人們反不見自身。說當下的存在就是天國、生命就是最高的理想，誰肯信呢？反倒是烏托邦的教主身後才能跟隨大批愚民。

現代的人，苦行自是不肯；享樂又心懷恐懼，所以只能在二者之間搖擺。採取中庸之道的人活得較為安逸，但活得又何其平庸？如何達到自勵而不苦行，享樂而不放縱，是現代人難以拿捏的一種個人修養。

一九八四年十月七日於英倫

進取與守成

　　新約〈馬太福音〉有一節說：「天國又好比一個人要往外國去，就叫了僕人來，把他的家業交給他們。按著各人的才幹，給他們銀子。一個給了五千，一個給了二千，一個給了一千，就往外國去了。那領五千的，隨即拿去做買賣，另外賺了五千。那領二千的，也照樣另賺了二千。但那領一千的，去掘開地，把主人的銀子埋藏了。」

　　看到這裡，依照我國傳統的觀念對三個僕人評斷，會得出什麼樣的結論呢？很可能認為前兩個僕人是狡猾的刁僕，拿主人的金錢去冒險營利；後一個僕人反倒是忠實守成的好人，把主人的銀子埋在地下，一分也不會遺失。

　　〈馬太福音〉繼續說：「過了許久，那些僕人的主人來了，和他們算帳。那領五千銀子的，又帶著那另外的五千來說：主啊！你交給我五千銀子，請看，我又賺了五千。主人說：好，你這又良善又忠心的僕人。你在不多的事上有忠心，我要把許多事派你管理，可以進來享受你主人的快樂。那領二千的也來說：主啊！你交給我二千銀子，請看，我又賺了二千。主人說：好，你這又良善又忠心的僕人，你在不多的事上有忠心，我要把許多事派你管理，可以進來享受你主人的快樂。那領一千的也來說：主啊！我知道你是忍心的人，沒有種的地方要收割，沒有散的地方

要聚斂，我就害怕，去把你的一千銀子埋藏在地裡。請看，你的原銀子在這裡。主人回答說：你這又惡又懶的僕人，你既知道我沒有種的地方要收割，沒有散的地方要聚斂，就當把我的銀子放給兌換銀錢的人。到我來的時候，可以連本帶利收回。奪過他這一千來，給那有一萬的。因為凡有的，還要加給他，叫他有餘。沒有的，連他所有的，也要奪過來，把這無用的僕人，丟在外面黑暗裡，在那裡必要哀哭切齒了。」

〈馬太福音〉的撰寫者很令我們東方人意外地肯定了前兩個僕人的行為，對後一個不但稱他為又惡又懶的人，甚至要把他丟在外面黑暗裡，讓他在那裡哀哭切齒。這懲罰對一個守成的人來說，未免太重了！撰者雖然不過利用這一個比喻，來說明信徒應該體貼神意，有能力發揮神所賦予的自由與潛能，才有進入天國的可能，但同時也透露了撰者所擁有的觀念與文化背景。這一個比喻與我國馮諼市義的故事，可說代表了對「義利之辨」的南轅北轍的兩種不同的看法。

基督教是從窮人中開始的，到了後來那些進天國比駱駝穿針孔還要困難的富人入教的卻越來越多。這一個比喻既然來自耶穌的教訓，足以表明了基督教不但不反對聚斂，而且拿聚斂的成就來比喻信徒的信心和對神意的體貼。這當然不足以說明基督教維護了富人的利益，但至少反映了基督教發展的文化背景和意識觀念與營利行為與資本累積是並不牴觸的。不像我們中國人除了接受皇上的恩賜和剝削小民覺得心安理得外，對經商營利在心理上則相當的不安，以致形成陶朱三聚三散的傳說，認為商業行為聚斂的錢財，不散不足以獲得心靈的救贖。而一般人看到商人破

產，則無不衷心稱快。

　　基督教與資本主義結合的如此之好，彼此之間的相互關係恐怕遠遠超過韋伯的研究範圍。我國文化之所以難以使資本主義紮根萌芽，也應該是社會學上一個有意思的研究題目。今日，我國似乎也不可避免地步上了資本主義的足跡，或至少與資本主義發生了某些重要的結合。但是卻缺失了信仰基督教的資本主義國家長期與宗教交互影響的營利上的行為標準，而流於不擇手段。

　　細讀〈馬太福音〉中的比喻，其實也多少含蘊有不擇手段的意味。資本主義的盲目發展是否反映了一顆在沒有種的地方要收割、在沒有散的地方要聚斂的主人的貪婪之心呢？在這一個層次上，中國的反聚斂傳統，在未來人類的發展上也未嘗不可以發生一些正面的作用。

　　　　　　　　　一九八五年十二月二十八日於溫城

金錢何罪？

　　資本主義的社會是以金錢為標準的社會。

　　以金錢為標準其實並沒有什麼不好。金錢本身本沒有什麼價值，特別是紙印的鈔票，面額越大，紙張和印刷的費用相對的越小，其價值完全是人為賦予的。所以金錢所代表的價值不在金錢的本身，而在獲取金錢的勞動。如果我們把獲取金錢的勞動額訂得公平而合理，那麼象徵勞動額的金錢不但沒有半點罪惡，而且是非常神聖的！

　　如果金錢引起人們的鄙視，甚至於罪惡感，那不是金錢的過錯，而完全是人為的過錯，那肯定是因為獲取金錢的勞動額訂得既不公平，也不合理。多勞的並不多得，不勞的也可獲取金錢，那麼金錢所代表的罪惡正是人的罪惡！

　　人類社會的兩個大問題，一是生產，一是分配，二者關係非常密切。如果一個社會中分配不合理，肯定會影響生產，使生產停滯不前。社會主義的產生，就是為了解決分配的問題。可惜的是所有社會主義的思想家和設計者都把分配的問題看簡單了，認為只要把生產品就地均分了，就可以達到公平與合理的目的。豈知一個社會不但幅員廣大，結構複雜，而且每個人的勞動額並非那麼容易鑑定，就地均分談何容易！因此在社會主義國家中產生了兩個大問題：一個是平均主義，另一個是不均主義。前者在形

式上盡量求取公平，結果對勞與不勞一視同仁，在吃大鍋飯的形式下大家都束手不勞了。後者是掌理分配之權的人佔盡了便宜；掌大權的佔大便宜，掌小權的佔小便宜，使勞動的人看了寒心，結果也束手不勞了；因為不管勞動多少也不及抓一把權有用。平均主義和不均主義同時出現，也真是馬克思那一輩的社會思想家所始料未及的事。

以金錢為標準的資本主義社會，這一個世紀以來無不在確定勞動額上下功夫，一面堅定多勞多得的原則，另一面把分配的大權交給供需關係的市場，而不交給某一群人。大原則確定，小漏洞再靠細密的立法來補救。所得稅法、社會福利法、遺產稅法、侵佔他人財貨的刑法等等，都是為了保障多勞多得的原則，也就是為了保障金錢的神聖性。

如果富人都是多勞多得的結果，或者是智力過人的結果，那麼富有何罪？在這種情形下，金錢非但一點也不罪惡，而且完全是勤勞和智慧的同義語。

人不知自省，卻把自己的罪惡脫卸到抽象的金錢上，實在是想歪了！

一九八五年一月三十日於英倫

現代社會的安定力量

在人類的社會發展上，不容諱言的是，西方資本主義社會在現階段是人類發展的標本與楷模，連以消滅資本主義為宗旨的共產主義社會，也不得不或明或暗的借用或模仿資本主義社會中的種種優點。

資本主義社會的最大優點就是具有一股安定的力量。在其他型式的社會中，不是為政治上陰謀政變的頻繁所困，就是為了達成表面上的安定，不得不使用恐怖鎮壓的手段，使國人生活在寒噤之中。只有資本主義的國家，既沒有政變的威脅，也用不著使用高壓的手段來約束人民的行為，甚至從沒有人強調安定團結的重要，要走要來各隨其便，就是領土小如瑞士，國勢弱如盧森堡者，也自有一種安定的力量，毋庸擔憂國民攜款外逃，或移民不歸。

在發展中的國家，情形卻十分不同。為了團結安定，常常不得不施出強制的手段，譬如說限制國民出境、限制資金外流等，無非都是因為欠缺那種自然安定的力量。

如果我們仔細來考察這種自然安定的力量之所以產生的原因，以及能夠恆久維持的策略，首先想到的當是資本主義社會中所實行的民主制度。但是這種觀察是相當膚淺的，因為民主制度常常是其他社會制度之果，卻不一定是其他社會制度之因。如果民主制度真正是因的話，那麼一個社會只要變更政治體制，其他

問體就可迎刃而解了。事實上，如沒有其他社會制度的配合，民主制度根本就無從建立；即使表面上具有了民主制度的形式，仍然產生不出社會的安定力量。這樣的例子，在發展中的國家中可以說是不勝枚舉。

如果我們拋開民主制度不談，另有兩種社會制度可以看作是滋生安定力量的源泉：一是健全的金融制度，另一就是普遍而客觀的法制。

所謂健全的金融制度，就是國民的經濟行為都可以通過公開法定的金融機構進行，不需要借助於暗盤交易的地下錢莊。為什麼會有暗盤交易的地下錢莊？那一定是公開法定的金融機構有壟斷的行為，不允許公平合理的競爭之故。如果銀行、信託，或儲貸的建築公司等重要金融機關在合理的情況下成為國民公開競爭的企業，那麼地下錢莊或黑市金融，自然就會從非法轉為合法，從地下轉為地上，成為促進金融機構改革的一種新生力量。資本主義社會之所以沒有地下錢莊，即因為金融機構不具有先天的壟斷性。舉例言之，銀行的利率視當下的經濟情況而調整，信託機構可以用稍微抬高存款利率的方式同銀行競爭，但也必定無能抬到超出營利的程度以上。因是之故，銀行為了保持其存款率，自然也要相對地提高利率，如此就產生出在一定經濟情況下的比較客觀的利率指標。國民通過任何金融機構所得的存款利率均相近。貸款利率在公開競爭下也自然獲得合理的利率指標。既然所有的金融機構都是合法而公開的，那麼國民的經濟生活當然受到了保障，不會遭受因投機而破產的命運。經濟生活的穩定是社會安定的重要基礎。

　　法制的客觀與普遍是另一股強大的安定力量。所謂客觀，就是司法獨立，這是為人討論已久的題目。但普遍的事實卻時常為人所忽略。司法的獨立，關涉到刑民兩法的審判公平。法制的普遍性卻直接關係到每個國民的日常經濟生活。譬如在法制不普及的社會中，國民只有在打官司的時候才會找律師；但在一個法制普及的社會中，律師與醫生一樣重要，是人人生活中不可或缺的人物。房屋買賣一定要通過律師，遺產繼承一定要通過律師，大宗的金錢交易與贈予，也必定通過律師。事實上，在資本主義社會中，國民重要的經濟行為無不由熟諳法律的律師來處理。優點就是使不諳法律的人不會在經濟交易上吃虧，同時也使國民不致因不諳法律而投機犯法。這就是為什麼在資本主義社會中的國民不但都有律師做他們的顧問，也有律師做他們的管家。我們常常在報上看到，一個老太太死後留了一筆遺產在某律師手中，要轉移到國外遠方的一個遠親（有時遺贈給慈善機關或一隻狗貓）。難道委託的人，就不怕律師黑了心，從中吞沒了嗎？律師之所以不會黑了心，當然有其道理，就如金融機構的主持人不會輕易地投機貪墨，也有他一定的道理。

　　難道說資本主義社會中的律師，個個都是正人君子，絕不欺人？難道說資本主義社會中的金融機構的首腦，也個個都是清正之士，雖日與金錢為伍，絕不貪墨？當然並非如此！人性肯定是類似的，在其他社會中所有的貪婪之心，在資本主義社會中也同樣存在，所不同的是資本主義社會的運作靠的不是善良的人性，而是良善的制度！

　　就以律師而論，取得律師的資格並不是件容易的事，是經過

長期的訓練學習和考驗而來的。使傳統的道學家難以理解的是，資本主義國家中的律師並沒有忠國愛民或一心為人民服務的道德訓練，但卻產生了道德訓練所難以達成的道德結果。這是什麼道理呢？這是因為資本主義社會中的律師也自有其行為上的制約。第一種制約，是來自宗教的力量。這和其他人士並沒有分別，就是真正崇信宗教的律師，才受宗教的道德約束；不崇信宗教的律師，便不受這種約束。第二種制約來自職業的訓練。一個精通法律的律師比普通人更了解到法律之嚴肅與無情，也更能體會到法之不可輕玩的道理。最重要的是第三種制約，乃來自理性的判斷。一個受過長期法律訓練，且有能力考取律師執照的人，原則上必是頭腦清明而富邏輯推理的人，必知道一次黑心的代價可能毀掉了下半生律師的生涯。遵循正當的手段，一個律師絕對會獲得優於常人的豐足生活。黑心貪墨既然是為了利，不黑心貪墨，也一樣可以獲得正當之利，一個理智清明的人就不會做無益而有損的冒險。除非這三種制約的力量碰巧都非常薄弱地聚於一人之身，那麼這個律師也可能做出不智的行為。但這種或然率實在非常微小，因此律師通常都是可以信託的人。人們信託律師，並非因為他是你的至親好友，或有愛於你，而只是因為你是他的主顧，他的職業任務就是要接受你的信託，就正如醫生不專為自己的至親好友醫病一樣。這就是為什麼在資本主義社會中私人重要的文件、財產的處理，常常在律師之手，不容他人非法侵越。一般人因此在心理上覺得相當有安全感。這是在司法獨立、裁判公正以外，人民獲益於法制的最大好處。

　　再以金融制度的負責人而論，這些人也是經過長期磨練的專

業人才，絕無因權力關係倖進的道理。金融運作的設計防範等策略，是在各種不同的金融機構長期互相砥礪和競爭中產生的，其周詳細密性自不容置疑，何況時時在日新月異地改進中。所以在資本主義社會中，搶銀行的強盜時或發生，金融機構內部的腐化無能或貪墨行為卻非常稀少。

因是之故，資本主義社會中的中堅人物不是負行政責任的政府官員，也不是維持社會治安的軍警力量，而是金融家、企業家、法官和律師。其他的國民多多少少都依附在這些人身上，連政府中的官員也不例外。如果從政的官員因權力而腐化的話，知法的顧問人員可以盡到一份消毒的工作。如此說，法官、律師就不會被社會上其他腐化的勢力吞噬嗎？當然也會，如果社會上腐化的勢力太大的話，這些人也不能自保。但畢竟這些人的抗抵力較強，本身腐化的誘因又少，久而久之，自可形成一種中流砥柱的力量。

對一般國民而言，經濟上可以由公開的金融機構獲致合理的利潤，個人的財產權利可以受到法律的保障，在急需的關頭有社會的福利，再加上政治選票掌握在自己的手裡，如自己有長才，多有用武之地，如有出眾的意見，自有報章雜誌供其發表，如心有怨忿，隨時可以發洩，像這樣的一個國民，打死他他也不肯脫離自己的親人和故土。這就是資本主義社會，不論國土大小，均可敞開大門自由出入，資金任意交流，並無礙於社會之團結與安定的道理！

一九八五年五月十日於英倫

剷龍肉的故事

　　小時候聽過一個剷龍肉的故事，據說犯了罪的龍被天帝罰下凡界，可以任百姓剷肉而食之。不過有一個條件，剷龍肉的人必須狠下心腸，剷了龍肉掉頭就走，且不可回視，否則就會被痛苦的龍一尾巴擊死。

　　當時聽了這樣的故事，印象很深刻，卻不曾回味其中所含蘊的問題。現在仔細咀嚼起來，問題還真不少。第一、為什麼人竟如此殘酷，龍已經受罰下凡了，還要去剷牠的肉？第二、莫非當日的人民都是饑民，到了饑不擇食的地步，連龍肉都要吃？第三、龍是行雨的使者，雨則是靠天吃飯的農民所不可或缺的，如何以怨報德竟剷起龍肉來？第四、剷了龍肉就能解決了饑民的根本問題嗎？

　　今日亞洲經濟發展的四小龍之一的香港，很不幸的不知犯了什麼天條，被罰下凡界，很可能遭到剷肉之痛！

　　香港發展之神速是有目共睹的事實，幾年不見，就會使人覺得面目一新。九龍東區填海新生地的新商業中心，由無數的設計新穎建築雄偉的大樓和廣場所組成。這一個新社區不但使台北敦化南北路的建築相形失色，連倫敦的新老建築也無法與之相比。如果這樣新陳代謝下去，香港數十年後又是一副新面目，將成為世界上首屈一指的大都市了。

　　是什麼力量使香港這麼一個偏僻的荒島在不到一百年的時間發展成一個足可以與歐美各大都會媲美的都市？一句話：自由經濟！比老牌的自由經濟的英國更自由的經濟。香港是英國的殖民地，但是有些英國的法律並不適用於香港，特別是社會福利法。在英國受到社會福利保障的貧民，在香港就受不到保障，所以必須勤苦工作；在英國不能興風作浪的資本家，在香港就可以興風作浪，所以香港被人稱之謂冒險家的樂園。白手起家，數年中成為巨富的比比皆是。但另一方面，傾家蕩產、跌破頭的為數也不少。只要你的膽量大，足有大起大落的機會。像這樣的一個社會當然包藏了無數的社會疾苦，但最大的成就卻是在人人有飯吃、有工作之外，建設了一個極為現代化的都市出來。事實上有些社會，其所包藏的疾苦，絕不低於香港，到頭來卻一事無成，只能寄望於去剜龍的肉！

　　資本主義在受了馬克思的嚴厲批評以後，這一百年來可說早已脫胎換骨，只是有些馬克思主義的信徒故意視而不見。資本家並不是多麼討人喜的一類人物，但是資本主義的制度基本上使資本家和政治家在權力上平分秋色，彼此牽制，所以一般小民不但在他們的夾縫中有喘氣的機會，而且很可以利用他們之間的矛盾來自高身價。如果政治家和資本家合而為一，弄得政經不分，那麼小民就只有任人宰割的份了。香港的優點，就是不管多麼富豪的資本家，都毫無政治的權力，此等人物儘可以在商場中興風作浪，到了法律面前就跟小民一律平等了。而握有政權的殖民政府卻又不能身兼資本家。當然官商也可以勾結起來，魚肉小民，但又有廉政公署虎視眈眈地待在那裡，使犯法的官商吃不了兜著

走。人總是理智的動物，總會取害少而利多的道路走，既在商場中有合法的用武之地，誰又肯冒險去勾結官府呢？所以香港這一套官商分立的制度，可以說是相當成功的，至少比英國本土的還要成功，這就是為什麼英國本土的資本家站在香港的資本家面前，也自嘆弗如了。

我們都知道，有許多心理的因素使亞洲四小龍的經濟和文化的潛力並沒有完全發揮出來。最大的心理因素就是缺乏安全感，因此很多結餘的外匯都儲存在歐美，而沒有拿來從事亞洲地區的建設；也有很多的亞洲的人才──特別是尖端的科技人才──滯留在歐美，為歐美的科技發展而效力，而沒有投入亞洲的建設之中。雖然如此，亞洲四小龍的經濟建設已經相當可觀了，如有一天排除了心理的因素，把所有的資金和人力都投入亞洲的建設中，那定會比目前還要神速龐大百倍，真會實現　國父孫中山先生所謂的迎頭趕上的理想，東風也就會真正壓倒西風了！

然而目前的阻力並非來自歐美，卻來自亞洲自身。這種缺乏安全感的心理因素，也產自亞洲人自己的感覺。一方面近代崇洋的傳統造成了仰賴歐美的習慣，另一方面就是真有攜著籃子等待剒龍肉的人。龍肉是否可吃，或吃了龍肉是否可以解決了饑荒的問題且不去管他，只要有一條龍下到凡界，先剒了牠的肉再說！這就是龍的悲劇了。

一九八四年八月二十一日於香港

香港億萬富豪列傳導言

　　社會、民族、國家等概念，反映了人對人類集體實質的不同角度的構思與認知。原始的民族只有一集體的籠統概念，而沒有現代人這般分析性的概念。這種現象也說明了原始社會之單純性。今日之人類集體，已不復有原始社會之單純。現在我們知道，民族並不等於國家，而國家亦不等於社會。所以談到社會，並不一定包涵了民族與國家的概念在內。社會是在某一時空之中，一群人（也可能是不同種族與不同國籍者）為營共同生活結合而成的集體。這種結合兼有了無意識與有意識組合的兩種因素。前者乃指其歷史的因素，後者乃指其理性的因素。歷史的事件可以風雲際會地使某些人聚集到某一空間來營其共同的生活。在理性的層次上，這些人產生了對此一集體的認同感，進而制定法律約章，旨在使此一共同生活更為均衡與豐足。今日無論任何社會集體，也無論此一社會集體施行何種制度，其目的無不是在歷史的基礎上，理性地使社會之均衡與豐足達到更為完滿的境地。

　　有人說香港的社會是一個畸形的社會。其所以畸形，乃因歷史的事件造成香港為一外族之殖民地。在人類的歷史上，殖民地是近世帝國主義擴張的必然結果；帝國主義之擴張，又是由於工業革命之發生在少數地區造成經濟與軍事力量的不均衡所致。這許多因果關係，常常並不隨人類的意願而轉移，因此歷史的因素

只不過擔負了一個殖民地社會之所以為畸形的基因。這種歷史所造成的畸形社會，是可以靠了集體理性的制約而獲得正常的發展的。這種例子，在世界史中，不勝枚舉。除去以獨立戰爭而建國的美利堅合眾國，不曾進行過戰爭而獲得正常發展的殖民地亦比比皆是。大的有加拿大，小的有新加坡可為先例。香港社會為之畸形，並非全由歷史因素造成，主要的恐係因社會上缺乏一種理性的制約。

　　這種缺乏理性制約的畸形現象，可由三方面表現出來：第一，在政治方面，與殖民地政府抗衡的民意機構操縱在買辦資產階級的手中，自不能代表大多數勞苦大眾的利益。第二，在經濟方面，香港為一國際自由貿易港，輕工業近幾年發展也很快。它雖也施行資本主義的自由經濟政策，卻沒有其他資本主義社會的均富理想；這個社會的經濟利益也沒有充分的保障。資金以合法與不合法的手段任意外流，結果香港勞動人民的勞動果實常常莫名其妙地遠飛天外。第三，沒有合理的社會福利制度。譬如說，勞動人民沒有醫療保險，也沒有失業保險。慈善機構只可成為對這樣一個繁榮的社會的點綴式的自嘲。一個年入數千萬的大資本家，每年給所謂的慈善事業捐獻數萬，既與其揮霍浪費的數字不成比例，亦無助於社會之福利。一個正常的社會不需要慈善機構，需要的是一種合理的社會福利制度。一個正常社會的公民不需要他人的憐憫，需要的是就業的機會，與疾病、意外、失業時的生活保障。一個繁榮如香港的社會，對社會福利竟如此漠視，能說不是畸形現象嗎？

　　香港之所以繁榮，固然一部分由於其特殊的地理位置，一部分由於外國及中國資本家的投資，另一部分由於英國殖民政府的

靈活而放任的經濟政策，但更重要的還是由於寄居在此一地區的四百多萬中國人的勤勞和努力。很多內陸的中國人民，因追求自由來此。此地自由實在很多，包括了剝削與被剝削的自由。自由固然可貴，但如無理性的制約，則只能流於放縱、胡為與混亂。理性的制約無非是合理地求取一個社會的均衡與豐足。受益者將是社會中的每一個成員，而非一部分的少數。然而少數的既得利益階級，則常常是現存狀態的維護者。其階級的局限性注定了其世界觀的愚昧窄狹，與對社會整體不負責任的態度。所以理性的制約，不能依賴少數剝削階級的慈善心，而須靠社會中每一個成員的社會意識的覺悟。也就是說，自我認同為此一社會之一分子，關心到社會整體之發展。

香港為一特殊社會單元，勢將繼續存在下去。最能決定香港命運的是香港本地的居民，而不是任何外在力量。香港無可否認地是中國領土的一部分，但由於其特殊的歷史因素，沒有一個中國政府可以完全不顧及香港居民的願望來任意支配香港的命運，除非香港的居民自己放棄了支配自我命運的權利。

然而香港的上層社會，恐怕是最不能也不肯與香港社會認同的一個階級。其所以仍以香港人自居或自以為不能脫離香港社會者，主要乃因為沒有其他任何一個社會可以供給他們香港所給予他們的優越地位。如果他們這一優越地位一旦消失，他們會毫不憐惜地唾棄香港社會、輕蔑香港社會。他們寧願選擇到英國、美國、加拿大、澳洲等地去做一個普通公民，而不願以同樣的身分出現在香港。他們會輕易地忘懷了他們在香港所獲者實多，所予者極少。他們也會忘卻他們應該對其所處身的社會，對給予他們

如此優越地位的社會，也負有一種責任。

　　一個社會的真正畸形，不全是歷史的累積，而更多時是全體公民的社會意識之麻痺。香港人很勤勞、很精明，但社會意識是麻痺的。像前幾年的股票狂漲狂跌、公營機構近似瘋狂的提高收費，以及長期存在的大面積的貧民窟，似乎不容易出現在其他較正常的社會中。我們知道，今日為世人所羨的世外桃源是瑞士與瑞典。瑞士、瑞典，論國土之廣不及中國、蘇聯；論國民收入，不及美國、加拿大；論文化之多彩多姿，不及英、法；論商業之發達、社會之繁榮，不及日本、香港。唯有一點長處，則是社會上之「均富」，超過任何國家。由此可見「均富」對一個社會的重要性。香港的社會，以目前的情形而論，不患寡而患不均。富者雖無法田連阡陌，卻是洋樓成堆；貧者則是道道地地的身無立錐。就拿同一個機構來說，收入不均的現象達到使人吃驚的程度。最近無線電視台的案件，使我們知道總經理及其助手每年收入動輒數十萬，真正負責節目的導播與技術人員，每月的薪金尚不足兩千。這種情形不是特例，而是一般現象。以致造成富者愈富，而貧者愈貧。香港黑社會之猖獗，社女生涯之悲慘，吸毒販毒之無法取締，以及唯利是圖之社會風氣，無不與貧富懸殊有關。其實在一個繁榮如香港的社會中，是不應讓一部分人掙扎在飢餓線上的。只要香港的財富有較合理的分配，就可以消弭不少看來似是無法解決的社會問題。可是不幸，人們只抱怨社會上有形的搶劫，卻忽略了隨時隨地在進行著的無形的搶劫。至今為止，廉政公署所揭露出來的，不過九牛之一毛，但總算為香港的社會敲響了警鐘。要知道，這種無形的搶劫對一個社會的破壞

力，遠超過任何有形的搶劫。

　　另一奇特的現象是英人在香港所享有的超出常規的優越待遇。英國人不但在謀求職業上、在職業等級上、薪金上、在居住環境上享盡了特權，英軍亦視華人如草芥，竟敢在作軍事演習時打死華民。香港固然仍受英人統治，但二十世紀七十年代的世界潮流，已非十八、十九世紀可比，現在殖民主義者，在世界各地幾成過街老鼠處處喊打，唯獨香港仍殘留著濃厚的殖民主義氣息。不獨英人輕視華人，可怕的是華人自己竟也自輕自賤，全不以仰外人之鼻息為恥。中國革命前上海那種十里洋場的高等華人，在香港找到了安樂窩。香港人竟不曾想一想：香港既是英國的殖民地，何以持有英籍護照的香港人竟不能在英國獲得與英人同等的公民待遇？

　　香港是一個繁榮的社會，也自有其可以發展的前途。香港有四百多萬人口，是一個不容忽視的力量。香港社會的發展，關係到每一個香港人的切身利害。對香港最關懷的，也應該是香港人自己。說到底，香港是每一個香港居民的香港。沒有人比香港人自己更能掌握香港的命運。建立理性的制約以達到社會的均衡與豐足，應該是每一個香港居民的責任。以下這一系列香港億萬富豪的故事，有些頗富傳奇性，但目的則一，它要喚醒香港居民（包括這些家族在內）的社會意識，以求為共同建立香港社會的理性制約而努力！

為文化書屋出版《香港億萬富豪列傳》而寫，
原載一九七六年五月《南北極》第七二期

香港資本家的特質

　　香港是一個典型的資本主義社會，具有資本主義的種種缺點，也具有資本主義的種種長處，可以說比任何現存的資本主義社會都要更資本主義。香港的勞工並沒有得到合理的保障，富者廣廈連雲，貧者足無立錐，這都是其他資本主義社會少有的現象。

　　但是這些現象是否只由於資本家的壟斷、剝削所致？是一個值得考慮的問題。顯然的，取消了資本家，是否就可保障勞工的利益？解決貧民的困境？如是，社會主義國家中就該沒有勞工問題與貧民問題了！從西方資本主義國家的經驗，可知保障勞工權益與解決貧民問題，最有效的方法還是社會福利制度的建立，就是通過立法的手段，使社會上財富的分配較為均勻。可是最近的二三十年來，在社會福利先進的資本主義國家中，卻越來越顯示出均福所帶來的惡果。因為累積所得稅的加重，使人們越來越少有爭取額外收益的意願；龐大而有勢力的工會又動輒罷工，阻滯了經濟的發展，使生產力逐漸衰退。與西方這些具有福利制度的資本主義社會比較，香港正因為沒有這許多絆礙，反可急起直追，成為經濟成長率的先進地區，使香港成為一個極度繁華豐盛的城市，也成為一個冒險家的樂園。

　　香港之所以成為冒險家的樂園，正因為其立法不嚴，盈利的限制少，才為冒險家創造了種種投機取巧的機會。香港正如資本

主義制度中的一個大賭場，是人們發揮賭徒性格的一個好所在。細究資本主義的特質，也正是在「各私其私」的原則下使人們可以盡量發展其精明才智。如把孟老夫子的「義利之辨」拿來做衡量的標準，固然是南轅北轍；設若把北歐的社會福利制度移來香港，香港也就不再是香港了！

　　香港之所以在短短的幾十年中發展成今日之面貌，多半是由於資本家殫精竭慮的操縱經營。這些資本家多半還不是普通的安分的資本家，而是具有賭徒性格的資本家。就是沒有賭徒性格的人，在香港住久了之後也自會發展出一種賭徒性格來，因此才使香港成為一個極富刺激的競技場。一九九七年以後的香港命運沒有人可以預卜，但在社會主義的影響下，保持資本主義已經不易，香港的賭徒性格何得繼續發揮？趕走了賭徒，香港是否有能力跟其他資本主義地區做公平的競爭，是值得懷疑的一件事。

　　香港的資本家據說都在準備後路，但另外找一個具有賭徒性格的資本主義社會則非常不易。香港未來如能維持其投機競技的環境，走掉一批賭徒，自有另一批新賭徒進來，但如無此環境，香港的面貌必定改觀。英國人之所以不把英國的社會福利制度移用於香港，可說別具用心；中國的傳統一向不易容納異體，將來是否在制度上不把香港同化，很值得懷疑。

　　香港目前仍是研究資本主義運作的最佳典型，對資本主義有興趣的學者，切不可錯過這最後十幾年的大好機會。

一九八三年一月二十八日於英倫

資產階級必定是腐化的嗎？

　　馬克思應該算是一個具有冷靜頭腦客觀分析的社會科學家，因為他的理論是建立在他對當日的社會現象所作的冷靜的觀察與客觀的分析之上的。但今日馬克思的信徒卻並不去學習馬克思的客觀科學態度，只一味泥陷在根據百年前的社會現象所建立的理論教條中。殊不知這一百年間人類的社會已經發生了巨大的變化。馬克思的時代，資本家對工人階級慘酷的剝削是不容否認的歷史事實，狄肯斯和左拉等人的小說都有過非常具體的描寫。但是到了馬克思的同鄉馬克斯・韋伯所觀察到的社會現象，已經跟馬克思大異其趣了。因為所居身的歷史階段和地理環境不同，自然也就影響到研究的方法和所採取的觀點的差異。韋伯就看到了資產階級對西方資本主義的興起以及現代社會所作出的貢獻。根據韋伯的資料，初期的資本家，具有濃厚的宗教信仰，過的是清教徒式的生活，因此才得以使資本日漸累積。韋伯像馬克思一樣，也是個具有冷靜客觀分析頭腦的社會科學家，然而他對資本家在社會及在人類歷史演進中所佔有的地位上所作出的結論則與馬克思完全不同。這一方面說明了二人所處的歷史階段不同，所觀察到的社會現象有所變更；另一方面也說明了真實的多面性。即使在同一歷史階段中、同一社會情況下的真實，因為觀察角度的不同、研究方法的差異，也會產生不同的結論。如果在態度與方法上皆具有客觀的

科學性，那麼一種結論並不能否定另一種相異或相反的結論，但是卻可以補充一種單方向的觀察之不足，擴大人們對客觀真相之認識領域，不至於像摸象的瞎子般被蒙蔽在一種單一的教條中。

　　資本家剝削工人階級的理論不能抹殺資產階級對現代社會所起的正面作用，正如資產階級對現代社會所作的貢獻不能否定其剝削工人的本質一樣，二者均是真正存在的歷史經驗和社會現實。馬克思的理論使工人階級產生了自覺，工人因此得以團結起來，組成工會，以集體的力量來對抗資本家的剝削。今日在資本主義國家中的工人階級，又豈是聽任資本家剝削的可憐蟲？現代資本主義國家的工人，恐怕沒有幾個肯於和名義上由工人階級當家做主的社會主義國家中的工人易地而處。這也足以說明受馬克思理論之益的，並不一定就是口口聲聲捍衛馬克思教條的所謂馬克思主義者。另一方面，韋伯的理論也使人領悟到：資產階級也並不一定就是一個非要消滅不可的階級。資本家不但在資本主義之興起以及在促進西方的現代化中發生了決定性的作用，並且到了今天仍然在協助口口聲聲要消滅資產階級的社會主義國家的經濟發展，而且成了其領導人的上賓。就以眼前的例子而論，如沒有香港的資本家，未來的香港怕不要成為另一個今日的上海的模樣！剷除了資產階級的上海的工人們，在物質和精神生活上能說超過與資產階級共存的香港的工人階級嗎？

　　那麼資產階級本質上是否是一個腐化的階級呢？站在馬克思的立場來看應該說是，站在韋伯的立場來看就不是。這中間有兩個問題：一個是客觀資料的問題，另一個是觀察者自身的立場及心理狀態的問題。

　　在客觀資料一方面，如果有人可以蒐集到某些資產階級生活奢侈、行為放蕩的資料，也必定有人可以蒐集到某些資本家勤苦耐勞、勇毅精幹的資料。白手起家的資本家或數代維持資本家的地位而不墜，定有其必然的條件，不是表面上零星觀察到的資產階級的生活面貌所可概括。

　　在根據所蒐集到的客觀資料研判資料的時候，觀察者的立場及心理狀態對未來的立論和結論也會發生決定性的影響。譬如說苦行主義者的立場和享樂主義者的立場絕對不一樣。在後者的眼中，人天生是為享樂而來的，所有引起感官愉快的事物和行為都不該否定；但前者卻認為只有在苦行中才可以激勵人的高尚情操。苦行主義者把任何享樂都看成是腐化墮落的徵兆；但在享樂主義者看來，苦行主義者則是一種心理變態，不但在自我懲罰，而且絕不容忍他人比自己快樂。我們一般人對社會現象所持的態度，不是偏於前者，就是偏於後者。雖然極端的享樂主義和極端的苦行主義者很為少見，但在出發點上的偏前或偏後，就足以造成立論上的大相迥異。一般說來，在物質生活比較富裕的西方社會，比較偏向於享樂主義；在物質生活比較貧乏的發展中國家，則比較偏向於苦行主義。這就是為什麼同樣受到馬克思主義影響的西方社會，並沒有把資產階級的生活方式看成為腐化墮落的象徵；而發展中國家的人民，多半對資產階級的生活方式具有一種先入為主的腐化的成見。兩者只是出於觀察者的立場與心態的差異，與所觀察的對象不一定有必然的關係。

　　因此，近代的社會科學便企圖擺脫這種主觀立場所造成的偏頗成見，只從某一社會現象在整體社會結構中所具有的作用上來

予以分析評斷。這就是結構作用主義者（stractural-functionalist）所努力的方向。在結構作用主義看來，資產階級的存在，必有其一定的社會作用，甚至連資產階級的生活方式也必定有其一定的社會作用。在消滅了資產階級之後，這些社會作用便都不存在了。具體的例子，還是拿上海與香港相比，便很可以看出二者的差別來。結構作用主義的理論與方法不免有為社會既有的現狀辯護的傾向，所以近年又有些社會學家企圖結合結構作用主義的客觀性與馬克思主義的社會批判的機動性，進一步對社會客體作科學分析的同時，也期望具有批判而促其改進的能力。在這方面自然有相當的冒險性，因為理想常常同時就是陷阱，改進也很可能變作改退，這在人類的發展史上是不乏前例的。

在資產階級存在的社會中，必定有剝削，因為沒有剝削，就沒有積累，沒有積累，就無法擴大投資。把剝削看成是一種目的，是消極的態度；積極的態度是把剝削看成一種達到積累和擴大投資的手段。但過度的剝削不但侵犯到人權，抑且會阻礙資本的積累，對勞資雙方都沒有好處。發展快速的資本主義國家，無不是在勞資雙方均獲其利的基礎上前進的。社會主義國家雖然成功地剷除了資本家這一個階級，但卻也無法消除勞資之間的矛盾。代表資方的幹部，對勞工的態度及所用的手段，與資本家並無很大的差別，所不同的是如果做賠了生意，不是自己破產，而是集體傷財，這恐怕也就是為什麼社會主義國家中領導生產的幹部責任心不重、積極性不高的原因。

如果我們相信人具有理性的思辨能力，也相信人具有抉擇的自由，那麼就該明白大多數人——包括資產階級在內——都會根

據自己的收入來安排一己的生活。資產階級的生活如果比常人奢侈，那是因為他有負擔這種奢侈生活的能力。從社會集體的立場著眼，如果不願見其中一部分人的享受與常人太過懸殊，可以從立法上來設限。譬如在稅法上只要區別開投資和其他生活消費開支納稅的比率，就可以把資產階級的收入導入正當的途徑。這也是施行福利制度的國家已經做過的事。如果在合理的立法下，仍然有人把主要的進益浪擲在奢侈的私生活上，那是他自取破產滅亡的命運，社會無法阻止，正如雖有殺人者死的法律，仍不能阻止不懼死的人去殺人一樣。

　　在社會主義國家中，表面上看來大家都很窮苦，但實際的享受上卻也並不相同。在革命時期已經有所謂「大灶」、「小灶」之別，現在衣食住行的等級則愈來愈加嚴明。所不同的是在社會主義國家中，掌權的人可以付出很少的報酬而獲得很奢侈的待遇，這是連資本主義制度中的資本家們也難以望其項背的！

　　資本家是否是社會腐化的象徵，資產階級是否將成為歷史的垃圾，在沒有資產階級的更好的社會制度出現以前，恐難以作出令人信服的結論。

　　　　　　　　　　　　　　一九八三年一月二十八日於英倫

民主、法制與資本主義

　　處身在比任何資本主義社會更要資本主義的香港，就益發使人感覺到民主、法制與資本主義間相輔相成的關係。

　　如果說中國人不需要民主，不尊重法制，那是不確的！香港的居民有百分之九十以上是中國人，但香港基本上是一個講民主、尊重法律的社會。其實說香港是一個民主的社會是有語病的。香港是殖民地，政府是由殖民國的政府組織的，官員是由殖民國的政府任命派遣的，人民根本就沒有參政的權利，怎能說是一個民主的社會？所以在形式上說香港所施行的並非民主政治。但在實質上民主社會的居民所享有的自由與權利，香港居民差不多也都享有了。例如香港人有信仰的自由、有遷徙的自由、有就業或不就業的自由、有言論的自由、有集會結社的自由、有罷工的自由（雖然很少用）等等。生活在香港的人，沒有感覺到有政府或者警察機關的壓力。只要你不觸犯法律，沒有人來干涉，來過問你的私人生活。這一點與生活在民主、法制的國家中沒有什麼兩樣，所缺的只是參政權而已。事實上人民要求參政權的目的，也不過是為了保障人民的自由與權利；現在既然有了種種自由與權利，做為達成目的之工具的參政權反倒為人所遺忘忽略了。正如莊子所言的得魚而忘筌。這也許就是為什麼香港的居民除了拚命賺錢以外，似乎從沒有人熱中於政治。

　　其實人民所最需要的還是自由。這自由是社會以內的自由，而不是社會以外的；否則獨自隱避到荒山野嶺中，豈不是有足夠的自由了？社會以內的自由，到目前為止，歷史的經驗告訴我們，只有民主與法制的社會才有自由可言；捨此而外，還沒有另外一種社會制度足以保障人們的自由。

　　但具體的自由，也有各種的面目和不同的範圍。例如以上所舉的遷徙的自由、信仰的自由、就業的自由等關涉到所有的人。至於言論的自由、集會結社的自由、創造的自由等，則並不是每一個人都需要的。在街頭賣水果的小販、在工廠中做工的工人、在飯館中掌勺的廚師似乎就不多麼需要這樣的自由。那麼誰最需要這樣的自由呢？應該是創造精神食糧的藝術家和創造物質財富的商人！然而香港是一個精神食糧產況不佳的社會，所以在這裡只有積極創造物質財富的商人才是最需要自由的。資財雄厚的商人，我們稱其為資本家。有資本家的社會才是真正的資本主義社會。香港就是這樣的一個有資本家，而資本家又佔了一個重要的比率的資本主義社會。

　　資本家比普通的人更需要自由，也更需要民主與法制。因為沒有足夠的自由，資本家便無法積累財富；如沒民主與法制，便不能保障自由，更不能保障資本家所積累來的財富。所以資本家在所有的居民之中最擁護民主與法制，也最肯為爭取自由而賣力。事實上財力雄厚的資本家也自然比一般人民更有實力來與政治領導相抗衡。結果由資本家所爭取而來的自由與權利，一般人也分潤到。

　　社會主義的最後理想，也不過是自由、民主與法制。但是歷史證明社會主義革命成功以後，自由、民主與法制也跟著一古腦消失了。一般人常誤認為這種現象是由於政治領袖的個人跋扈專制或背叛了社會主義的理想，卻忽略了做為反資本主義而生的社會主義，其成功的同時正好消滅了資本家這一階級和自由經濟運作的事實。《一九八四》的作者奧威爾曾言：「以前人們從未想到經濟自由的消失會影響到智能的自由。前人總以為社會主義是一種高度道德的自由主義。國家既然對你的經濟生活負起責任來，只會減輕你對窮苦、失業等的憂慮，絕對不需要去妨害你私人的智能生活。如今我們終於知道這是完全謬誤的！」原因很簡單，在一個社會中如沒有與政治家相抗衡的資本家，政治家焉能不一枝獨秀？沒有經濟上的自由，連吃飯都要受制於人，又如何來發展智能？政治家的權力越大，人民的自由和權利也就相對地越小了。香港居民的恐懼不是無端的。

　　自由與權利都需要民主與法制的保障。民主與法制只是憑一種理念而建立起來的嗎？恐怕未必！檢閱歷史的過程，民主與法制與資本主義共生、共存、共同發展的這一事實，怕並非是出之於偶然的吧？

　　　　　　　　　　　　　　　　一九八四年九月二日於香港

貪之有道

　　「貪」字在中國文化的意識型態中是一種罪惡。安貧樂道的是君子；貪官、貪吏、貪夫，都是些不入君子之流的小人。商人因為不能不貪，所以只能成為君子眼中的賤民，變著法兒不給他出頭的機會。

　　在印度的文化和宗教中，「貪」也是種罪惡，再加上嚴格的社會等級制度，對上一層等級的地位財富更不該存非分之想，所以也很鼓勵安貧樂道的態度。結果世界上這兩大安貧樂道的君子之國，都成為一等的窮國。

　　中國人和印度人是不是就真那麼安貧樂道而不貪呢？如果真做得到不貪的話，目前台灣就不會有那麼多搶劫案、倒債案、經濟犯、金光黨了！走到新德里或孟買的街頭，也就不必那麼小心你的荷包了！

　　西方的基督教也不鼓勵貪，耶穌早已說過：有錢人進天堂比駱駝穿針孔還要難。可是信仰基督教的西方人居然實行了以「貪」字為基礎的資本主義，而且據馬克斯·韋伯（Max Weber）研究的結果，資本主義的興起正跟清教徒的精神有密切的關係。這種「貪」與「戒貪」之間的矛盾，西方人是怎麼解開的？

　　貪性行之於行為就是一種聚歛，也就是不怕錢多、財富大，而是多多益善，愈大愈好。韋伯認為當初基督教徒的聚歛行為是為了實現上帝的意旨。因為韋伯是社會學家，不那麼喜歡分析心理，如果換了佛洛依德來研究這個題目，他很可能說是以上帝的意旨為藉口，實際上卻是來發揮人的貪性。但不管如何，「貪」與「戒貪」之間的矛盾似乎得到了一種中和。基督徒聚歛了財富之後，也很捨得為宗教花錢，今日所見的莊嚴、雄偉、富麗、堂皇的教堂就是當日「貪」與「戒貪」之間中和的結果。

　　從亞當‧史密斯（Adam Smith）以降的資本主義理論家卻是公開地提倡「貪」了。不過這種貪性與聚歛的行為是在法律仲裁下的一種公開競爭，而不是一種陰謀竊取的鬼祟行為。經過了幾個世紀的教育與陶鍊，西方人終於養成了一種不以公開合法的手段謀取財富為恥的習慣。

　　我們中國人雖然也接受了資本主義的制度（中國大陸也正在默默地接受中），但畢竟欠缺了心理和觀念上的陶鍊。雖然我們也具有貪性，但不敢公開正當的表現出來。常常表面上以「清高」或「不貪」示人，私下裡卻不是倒了別人的債，就是被人倒了債。有的甚至於輕易地就上了金光黨的鉤。看樣子是還不曾化解開心胸中「貪」與「戒貪」之間的那點矛盾！

　　　　　　　　一九四八年十一月五日於英倫

富國之恥

　　如今世界各國間除了意識型態間的區別外，還有一個更重要的經濟上的分野：富國與貧國！富國是朱門酒肉臭，貧國是路有凍死骨。

　　富國是經過了工業革命的工業化了的社會，貧國則是傳統的農業社會。後者至今仍然在飢餓線上掙扎。中國和印度本世紀中都曾遭遇過饑饉的經驗，伊索比亞正日有數千餓殍。

　　但是富國呢？有些人竟患了珍芳達的貪食症（Bulimia）。據美國《世界主義者雜誌》一月份訪問珍芳達的一篇報導，珍芳達有一度一天到晚猛吃猛喝，然後再大吐二十次。據說像美國和加拿大這樣的富國，有百分之三十的婦女患上了貪食症。你說這豈不是富極生悲了嗎？

　　加拿大去年十二月份的一份警方報告顯示：加拿大人在一九八三年消耗在非法毒品（包括海洛英、古柯鹼、大麻及化學毒品等）上的費用竟高達九十六億五千萬元。如果再加上消耗在合法的酒類上的七十七億元和菸草上的五十一億元，共計二百二十四億五千萬元之巨。加拿大全國的人口，也不過兩千兩百多萬人，男女老幼合計每人每年竟在菸酒及毒品上消耗掉上千元。美國的情況大概跟加拿大也不相上下。

　　如果富國的人把身上的肥肉減少一些，每天少嘔吐幾次，少吞食一些有害健康的毒品菸酒，不知可以救活多少貧國中在飢餓線上掙扎的人類！

　　然而做得到嗎？似乎不易！雙方面都競相奔向死亡：一邊是餓死、凍死，另一邊是撐死、毒死！

　　可憐的窮國！可恥的富國！

　　　　　　　　　一九八四年十二月二十七日於溫城

社會資本主義的困境

　　英鎊從兩塊多美元的兌換率滑落到將近一美元，失業人口超過百分之十，礦工的罷工無能解決，生產額普遍降低，薪資相對減少，物價繼續飛升……本來滿面紅光的英國人，開始灰溜溜的了。

　　英國人不得不自問到底何處出了岔子？本來引以為傲的社會福利制度，怎麼弄到最後，全國人都不多麼福利了？

　　感謝馬克思的貢獻，使資本主義國家有所反省與改進。二次大戰後有不少西歐的資本主義國家努力建立社會福利制度，企圖融合社會主義與資本主義為一體，而成為一種社會資本主義。做得最有成績的是瑞典和英國，其他的北歐國家及法國、瑞士等成績也相當可觀。英國基本上做到醫療免費、公共設施（包括圖書館、博物館、公園等）免費、教育免費（私校除外）、失業有失業保險、老人有退休和養老金、失修房屋有重建修理津貼。總之，基本上掃除了貧窮。你說英國人能不引以為傲嗎？

　　但如此龐大的開支，如何支付呢？加重稅收！除此之外，又有何策？因此英國最低的所得稅是實收入的百分之三十，而且沒有免稅的上下限，也就是說你就只有一英鎊的收入，也得納三十便士的所得稅。但是收入如超過了某一個限度，可要累進增加，最高的可能要納實收入的百分之八十五。想想看，如此高稅的情

況下，你做了一點額外的工作，不但其中的三分之一要被抽走，如果額外工作收入較豐，很可能會影響納稅的百分比，使你本該納總收入百分之三十的，忽然要納百分之四十，那麼你額外的工作不但毫無收益，反倒要倒貼。在這種稅法下，恐怕只有傻子才肯去爭取額外的收入！這還不算，在施行福利制度的前十年，一般的工作人員因為有過去在資本主義社會中競活的老習慣，還都兢兢業業地工作。但是等到在福利制度養育下的一代成長起來，他們覺得不工作照樣可以享受種種的福利，那麼為什麼一定要去工作呢？英國目前就已經走到這一步。建立社會福利制度的那一代雖然仍負責盡職，可是也不願意做額外的工作。新近長成的一代，則寧可靠失業保險生活，也不肯做勞苦的工作。這種情形下失業率怎會不增長？生產額怎會不下降？英鎊的價值怎麼不日漸貶低呢？大家的收入都低了，稅收自然也相對地降低。稅收降低了，福利制度也就不能再那麼福利了！這是原來計畫以社會福利制度來建立人間天堂的人所始料未及的。

　　原因是人們忘懷了一件重要的事！天堂之所以無限快樂，正是因為天堂中的公民不需要工作。他們何以能不工作，因為那時候既不吃，也不喝，也不穿，已經沒有任何需要了。就是有所需要，只要上帝吹一口氣，什麼就都有了。可是人間卻沒有那麼方便。人間如要享受，首先得要先生產才行。資本主義的競富觀念的確可以刺激生產。但結果必定要帶來財富不均的現象。社會主義的方法可以平均財富，但又壓抑了人們生產的熱情，久之，社會不是均富，而是均貧。如何結合這兩種制度，使既有社會福利，又能維持生產的熱情，是今日所有追求社會資本主義者的共

同理想。但何處才是二者之間不偏不倚的平衡點？到如今用盡了
經濟學家的腦筋，卻還不曾找到！

一九八五年二月十二日於英倫

人這種動物

　　如果說由萌芽至鼎盛，由鼎盛至衰微是生物界的一條自然規律，那麼人類的發展是否也在其中呢？如果假設也在其中的話，那麼人類的發展是否已經達到了鼎盛期？

　　資本主義社會在某些方面的確達到了人類文化前所未有的繁榮與茂盛。以目前世界上的社會主義表現來說，毋寧說代表了人類文化的凋謝。如果馬克思有理，資本主義社會不得不向社會主義轉化，那就毋寧說人類的社會已步上了由鼎盛而至衰微的這一條自然的規律了。但如果馬克思的立論只不過是屬於狂人的假想那一類，那麼不獨資本主義社會不會向社會主義社會轉化，社會主義社會反要向資本主義社會轉化，而且人類的社會都還有往前發展的餘地，那麼也就等於說人類的文化尚未達到其鼎盛期。

　　人類文化的前景又何在呢？在有些尚未獲得民主與自由的地區，民主與自由自然成為人們竭力追求的目標。但在某些已大體上獲致了民主與自由的地區，民主與自由便不再成為奮鬥的目標。奮鬥的目標很容易地落在擴展知識的科學和陶養性情的文學與藝術上了。

　　人類科學的研究至少有三大範疇：一是自然科學的範疇，一是社會科學的範疇，還有一個就是人本身的範疇。這最後的一個範疇是把主體反為客體，所以生理學有別於以客體為對象的自然

科學，心理學與以客體為對象的社會科學也不盡相同。

正因為人除了想了解身外之物以外，對自我也具有莫大的好奇心，因此才產生了人類生理與心理研究的瑣細分工。像遺傳基因的研究、激素的研究等就直接影響了人的生物性的前途，也就是研究的結果關涉到進行研究者的主體。

如果說人類掌握了細胞衰化的奧祕，可以做到使一部分人長生不死，那定會引起人類社會極大的變動，是福是禍難以預卜。

如果說人類掌握了遺傳基因的奧祕，不但可以控制性別，也可以計畫未來新生嬰兒的身材面貌和性格特徵，那也一定會引起人類社會的巨大變化，是福是禍難以預卜。

然而根據自然規律，人類卻無法在步向鼎盛的階段前停步不前，因為促成衰謝的種子必含在促進發達的基因之內，衰謝的種子一日不曾冒芽茁長，發達的基因便會繼續冒進不已。

今日沒有人因對未來的禍福未卜而阻止科學的進展，就是這種道理。在科學已把主體反為客體的情況下，原來控制科學的主體反而成為科學所改造與控制的對象。也就是說：人這種動物，在創造了過於精良的工具的時候，同時不免成為其所創造的工具的工具。

在這種情形之下，恐怕只有永遠以人為主體的文學與藝術可以盡到一點平衡的作用。在科學把人類愈來愈降至渺小與卑微的時候，文學與藝術卻努力在保障人類的尊嚴和自信。然而文學與藝術是否能解決人類文化發展上所面臨的矛盾與危機？卻仍是一個大大的問號！

一九八三年五月十二日於英倫

民主的道路

花朵與根株

——從「台灣已突破民主政治的瓶頸」談起

> 最近由於我國增額選舉的成功，很多人興起了過於樂觀的
> 看法，甚至有的人已認為台灣已突破了民主政治的瓶頸。
> 但願這種樂觀的態度並非只是出於一時情緒的衝動。我只
> 是想提醒大家，在欣賞瓶中的花朵的時候，不要忘懷了去
> 培養滋生花朵的根株。

　　民主政制是來自西方的一種政治體制。選舉議員與官吏不過
是外在的一種形式，就像插在瓶中的花；而其基本的根株，卻是
滲入於社會各階層、貫串於個人生活行為中的一種意識型態。這
種意識型態，受歷史文化的影響、社會結構的左右，而成為公民
人格形成的一種基本要素。

　　如果在一個社會中人們的基本意識型態是民主型的，那麼創
制一種民主的政治體系便是輕而易舉的事；反之，則不免窒礙萬
端，就是一旦從外邊引進某種形態的民主政治形式，也難以保險
不會變質走樣，甚至流於有名無實之形式而已。

人類的一種自我覺醒

　　民主的意識型態，與其說是遵循自然的法則演進而成的，

毋寧說是人類在自然的暴力法則下所獲得的一種自我覺醒。自然的規律，正如達爾文所道破的，是「優勝劣敗」、是「弱肉強食」。然而人類在逐漸累積了經驗，形成了文化之後，便不安於這種自然法則下的暴力控馭，因此在東西方的文化中都曾有過民主思想的萌芽。這也可以說是一種人同此心、心同此理的共同覺醒。然而只有零星的民主思想的萌芽，並不足以形成一種普遍的意識型態。孟子所謂的「天視自我民視，天聽自我民聽」及「民為貴，社稷次之，君為輕」，當然也是民主思想的萌芽，但孟氏的教訓並無能改變當時的社會結構，也不曾阻礙了其後在中國實行了兩千多年的君主專制政體。讀聖賢書的中國知識分子也不曾，或者說無能把「民貴君輕」的思想建立成一種制度，而終使「君貴民輕」的專制政體統馭了中國兩千多年。

　　君主專制，或類似的政體，實在是「弱肉強食」的自然法則在人類社會中的自然反映，也是人類的發展中必經的一個階段，中西各民族都曾有過這種經驗。但為什麼西方的國家先於其他國家走上了民主政制的道路？這是一個值得一問的大問題，但同時也是一個為今日的學者議論紛爭難以下確切的最後結論的一個問題。因此我們尚不能百分之百地確定，或詳盡地釐析出歷史進化中複雜萬端的種種因素，但有幾點卻也是今日的歷史家和社會科學家所公認的促成西方國家走上包括民主政治在內的現代化的道路的主導因素。

　　一是發生在十四世紀的文藝復興運動，使西歐的人民嚮往並吸收了古希臘的人文主義，逐漸地衝破了教會的教條思想束縛。二是科學實驗的實證精神，逐漸代替了神權思想。三是發生在十

六、七世紀的英國的議會制度，逐漸地削弱了專制的王權。四是
發生在一七八九年的法國大革命。其所以成為促進近代西方民主
政治的一種主導因素，恐怕正由於其失敗了的緣故。要是「巴黎
公社」裡的暴民成功地統治了法國，恐不免要延遲了以後法國民
主政體的推行。流產了的革命，卻使「自由平等博愛」的精神深
遠地影響了西歐以後的發展。第五是英國的工業革命及其迅速的
擴展，促成了大城市和中產階級的興起。第六是英國式的自由競
爭的資本主義（Laissey Faire Capitalism）的傳播與擴展。這六大
運動可說是風雲際會相輔相成地改變了西歐的社會結構、意識型
態，同時也促成了上層結構的民主政體。

民主是社會生活中所有人際關係的問題

　　由此可見西方的民主政治不但是在歷史演進中逐漸形成，
而且在社會結構中有其堅強的支柱。今日西方的民主政治，與其
說是一種上層結構的外在形式，不如說是其社會結構、家庭生活
和人民思想模式的一種在政治上的反映。所以民主也者，不僅是
政府的問題，同時也是家庭的問題、學校的問題、貿易公司的問
題、工廠車間的問題，總之是在社會生活中所有人際關係的問
題。這種民主式的人際關係，落實了說，就是「尊重他人的意
見、權利和人格」。不能因為敬長賤幼的藉口、男尊女卑的藉
口、上貴下賤的藉口，甚或貧富差等的藉口來蔑視或竟至破壞了
對他人權利的尊重。所謂「他人」，乃包括己身以外的任何人，
不能說自己的妻子兒女、傭人奴婢就不是「他人」。他人之意見

與權利之需要尊重，正由於他人之意見行為不同於我。如同於我，則易於包容，不會產生應否尊重的問題。唯有不同於我時，才會使我視之為異端，才容易引起我之反感與憤怒。一個人在這種情形下的自然衝動，就是使對方屈從於我。如對方不肯屈從，則發動所有之力量打擊之、毀滅之。

　　如果在一個社會中，人人皆抱持這種自然的衝動，則會產生兩種不可避免的後果：一即人與人鬥爭無已時；不然就是一方是主人，而另一方變做屈從的奴隸，形成一種長幼、上下、男女分等的社會。前者勢必造成社會上無休無止之紛亂；後者雖可獲致和平，但需付出主奴關係的代價。如二者皆非所欲，便只有第三條路可走，就是容忍異於我者之「異端」，尊重他人之意見行為及其他權利。所以這第三條路，並非出之於人類情緒上之自然反應，而是經過歷史的經驗教訓和個人的慎思明辨自我反省而來的結果。就個人而言，在人與人之日常接觸中，不可能時時保持一種理智清明的境界，多半的人都難以擺脫情緒上的自然反應。所以這種「尊重他人」的態度，不能完全仰仗於理智的分析，而須使其成為一種「自然的反射」作用才行。要做到這一點，則需依賴兩件事：一是社會結構，二是教育，包括家庭的、學校的和社會的教育在內。

應有敢於說「不」的勇氣

　　現在台灣的社會結構已經發生了很大的改變，一方面由農業的生產方式向工業的生產方式轉化；另一方面由男性家長統馭的

家族組織逐漸地蛻化為較為平等的小家庭組識。不分性別的普及教育，也引起了職業上的變動，女人已不再是無知無識依賴男人生活的寄生蟲。又由於現代傳播媒介的迅速和普遍，一般的知識不可能再操持在少數的特權者的手裡。所以只有到了這種男女長幼之間有了比較平等的經濟地位和比較平等的知識水平之後，才有所謂「尊重」他人的可能。否則一方面雖有尊重之心，而另一方面無論在經濟地位上和知識水平上只有奴從的資格，則根本不會產生尊重與否的問題。因此只有在妻子敢於向丈夫說「不」、兒子敢於向父親說「不」、下級敢於向上級說「不」的情況下，才有民主之可能。也就是說，要人們可以抑制那種「有我無人」的自然衝動，首先得有經濟和文化上比較平等的社會結構。這一點，在國內因為社會福利剛剛開始，一時難以發揮均富的效果，又因家庭、學校和工商機構中大家長作風還很嚴重，所以尚不能對民主生活做有力之支持。

談到教育，在電腦的應用日新月異的今日，我們知道電腦的基本運作，就是根據所輸入的公式而作出機械的反應，其反應之方向全視原公式所界定的方向而定。人腦自然比電腦複雜得多，但基本的作用卻是相似的，也就是說人的行為上的反應也視其從幼年所接受的教育模式（即所輸入的公式）而定。我們如果拿我國教育所採用的模式與西方國家的比較，立刻發現其間的差異。

西方教育幼童的模式有兩個主導原則：一是科學實證的精神，即事物間如發生衝突矛盾時，以符合客觀事實（即科學）的為是，以不符合客觀事實的為非。另一個是合群的精神：人與人衝突時，以容忍他人的行為為是，以不容忍他人的行為為非。

　　對第一個原則，我國雖然並不否認科學知識，但更強調「精神教育」。其基本的模式則如下例：在深冬臘月天氣，老師問學生曰：「冷不冷？」老師所期待的回答則是：「不冷！」而學生也勢必答曰：「不冷！」如其中有一學生認知客觀之事實與自己之感覺曰：「冷！」則必遭受老師及其他不承認客觀事實之學生之冷眼。這種現象在中國大陸上的教育模式中，尤其顯著。例如在大躍進期間，人民明明腹中飢餓難熬，卻說不餓；明明累得舉步維艱，卻說不累，以發揚所謂的「雷鋒精神」。雷鋒固有許多長處，但卻是一個很沒有科學頭腦的年輕人，在中國的教育方式中卻受到極端的推崇。不要想「雷鋒」只產生在中國大陸，在台灣和海外的華人社會中也不乏大大小小受人推崇的雷鋒式的人物，不過名稱不同而已，其精神的內涵卻是一致的。日久天長地注入這一類「精神教育」的模式，其人格之形成自然隨此模式而發展。在以後的行為反射上便處處表現出來不顧事實、自以為是、虛矯盲行的結果。

　　其次在合群的精神上，我國並不強調容忍他人，因為在灌輸式的教育方針下，根本就沒有什麼不同的意見，沒有容忍的問題發生。如偶有行為古怪的小孩（例如用左手寫字），不論家庭還是學校，一定要設法「糾正」之。對於人與人的衝突，則教育幼童看人不看事。如果對方是強於我者，如長輩或社會中有地位之人，我則屈從之；如對方是弱於或低於我者，則應屈服於我。

　　一般的家庭糾紛，如父子間的爭執，親友多不問是非，先曰：「天下沒有不是的父母！」或略做保留曰：「他是老子，就是錯了，你也得跟他陪個禮！」在學校中師生間的糾紛，學生一

方面則更沒有說理的餘地。久而久之就形成一種壓抑的人格。這種人格的反應公式是：我既不顧是非屈從於我的長輩或強者的意志，我的晚輩或弱於我者也該不顧是非屈從於我之意志。在人際關係上如此，到了政治的層面，忽然間要求容忍相反的政見，不但當政的人覺得七千個毛孔都不舒服，就是持有相反政見的人也張不開嘴來。然而不幸的是「精神教育」和「尊敬長上」都是我國優良的傳統，也都曾經在社會的安定和人民的道德生活中扮演過重要的腳色。如今在這種優良的固有舊傳統遭遇到優良的外來新傳統之際，便形成了魚與熊掌的問題。何取何捨呢？還是二者可以得兼呢？

中國所遭遇的問題，西方國家也曾遭遇過

其實中國所遭遇的問題，西方國家也曾遭遇過，只是程度不同而已。因為中西的老傳統，都是比較符合自然暴力法則的。也就是說在君臣、父子、夫婦、兄弟之間，前者均強於後者、大於後者，那麼後者聽命於前者、屈從於前者，實在非常地順乎自然。西方近代的民主精神卻硬要把這種情形改變過來，自然是相當費力的一件事。不但經過十七、八世紀無數啟蒙的思想家的苦口辯證（像霍布斯Thomas Hobbes的社會契約說、洛克John Locke的主張君主立憲、孟德斯鳩Barno de Montesquieu的行政、立法、司法三權分立、盧梭Jean-Jacques Rousseau的人生而平等說，無不指向了以後的民主政體），而且西方人也為此拚過命、流過血，才換得今天的成就。如果拿今天西方的社會和狄肯斯小說中所描

寫的十九世紀的英國，或左拉小說中所描寫的十九世紀的法國相比，就可以看得出民主政體的力量了。這一百年間的變化相當巨大。十九世紀時西方人所遭遇到的那種經濟生活和道德生活上的悲慘命運，今日看來真是恍如隔世。

然而是否就可以說今日西方人已從自然的暴力法則中解脫了出來？或者說強凌弱眾暴寡的現象已經絕跡？自然也還不能！不過可以肯定的是西方人精神和肉體的痛苦都大為減低。

因為大家時時地討論這種問題，可以說已把問題提升到意識的層面，不再讓它潛匿在人的潛意識中任意主宰人的行為。今日最明顯的事實是弱者在西方的社會中比較容易生存。這並不是說西方人較仁慈，不是！人的根性都是不相上下的。其維護弱者生存的條件，端在制度！在民主的制度下，法律發揮了維護弱者的作用，使強有力者無能施其力。再加上比較進步的社會福利制，才使在自然競爭中落後了的人也可以有辦法生存下去。這也就是為什麼今日移民的自然流動方向是由東而西的。一個外來的移民，可以說是弱者中的弱者，其所以能在西方社會存身，除了西方國家較富裕外，也得需要當地人對異於己者的容忍才行。因為外來的移民，不但膚色不同、語言不同，而且帶來了不同的宗教和生活習慣，在當地人的眼裡可說異端中的異端，排斥的衝動是非常強烈的。

住在美國和加拿大的華僑，就被美國和加拿大人粗暴地排斥過，美國的黑人也被白人殘酷地虐待過。但今天的情況總算改善多了。這說明了一件事實，西方的民主制度並不是停滯不進的，而也還在一天天地改進中，離理想的佳境還非常遙遠。然而其所

改進的點滴，並不只在政府，而在廣大的社會層面中，每年都有所增長，而且很容易使人感覺出來。舉個簡單的例子，在加拿大的大學中，學生本來是沒有過問校政的權利的，但前幾年由於學生的爭取和老師們的容忍與遷就，就有了幾項改進。第一老師已不能光給學生打分數，學生每年也要給老師打一次分數，以無記名方式把老師的教學方法和能力徹底地批評一番。有些老師看了學生對自己的批評不免惱火，但大多數的老師還是心平氣和地接受了。現在已經成了一種制度，老師對教書就要小心多了。其次是校中重要的行政會議，學生可以推舉代表列席，使學校的行政不能成為一種不顧及學生意見的祕密交易。學生辦的報紙一向就是批評校政的有力武器，學生會也是舉足輕重的機構。最近我接到某大學的通知參加大學校長的選舉，才知道每一位離校的校友也都有一票控制校長的權利。這是學校中朝民主的方向所做出的改進。

在家庭中，近幾年使我國的衛道之士笑掉大牙的女權運動也產生了些正面的影響，就是婦女的地位比以前提高了。可見的事實如在六十年代初期法國的已婚婦女不經丈夫的簽字許可尚不能在銀行中自開戶頭，到了六十年代末期就修改了法律，婦女獲得了這種權利。在社會上，最近幾年美國和加拿大都法定了不准以性別、種族、宗教的理由歧視公民的就業權。這些年來工會的權力一再膨脹，英法兩國時時遭到工人罷工的威脅，這也說明了工人並不再是一個可以任人剝削的階級。這些都是社會中朝民主的方向所做出的改進。如與人權運動和經濟發展停滯不前的社會比較起來，就使人覺得自由開放的民主社會的確有它的優點，也就使人更增加了走這一條道路的信心。

只有政治形式上的仿效是不足恃的

　　我國在追求民主自由這一理想中遭遇到無數波折，今天也總算小有成就。但應該明瞭的是，只有政治形式上的仿效是不足恃的。在接引西方的民主制度時應注意的是根株，而不要只重花朵。形式上的民主並不能保證一個社會的自由與開放。比如說，就是有一個強大的反對黨，如沒有普遍的民主意識型態做基礎，其所爭者仍在權，而不在政。一旦當政，其不民主之作風可能尤甚於前者。第三世界中有不少國家已經有過這種經驗了。所以有人說：羅斯福、戴高樂等如果到了中國，就會成為另一個毛澤東。這也可以說明，什麼樣的人民就產生什麼樣的政府和領袖。就像伊朗一樣，去了一個巴勒維，又來了一個柯梅尼。

　　所以一個自由開放的社會，其真正的保障乃在社會上的民主，也就是說家庭中、學校中、工廠企業機關中的民主；乃在人與人之間的彼此容忍，打破傳統的身份等級觀念的平等對待。要做到這一步，較平等的社會結構固然是一個先決條件，但科學與民主的教育更是一個重大的關鍵。因為人腦中注入何種公式，就會產生何種的行為反應。但這種公式的形成與創制，則需要理智的思辨，而不可倚恃自然的法則和傳統的積習。要使理智的思辨發生效力，則要靠大家多多地經常地討論，以便把相沿已久的積習或潛意識中的暗角，提升到民眾的意識層面中來。

一九八一年元月二十三日於英倫大學

正確看待民主政治的病態

　　最近台灣省各鄉鎮及縣轄市的鄉市民代表大會選舉發生相當嚴重的賄選和暴力事件，有人因此懷疑到民主政治中的主要手段——選舉制度，進而提議要廢除基層公職人員的選舉。這些人未免對民主制度太沒有信心，也太經不起考驗了。

　　民主制度，像所有人類經過理性的思考所建立的制度一樣，並不是順其自然發展而成功的，必須要以立法、教育和任何其他可行的手段加以耐心地設計疏導才行。在實行民主政治的過程中，勢必要發生這樣或那樣的弊病，但這些病症都不是不可治療的絕症，因此大可不必為民主政治的前途擔憂。

應該疏導不應壓制

　　賄選和暴力，對選舉制度而言，當然是非常嚴重的事件，因為前者象徵了候選人和選舉人的腐化，後者則代表了這兩種人的缺乏理性。這是很容易理解的選舉制度中的病症。但這種現象多少也有一點正面的意義，卻很容易為人所忽略了。其正面的意義就是證明了人民對選舉的真正介入的熱情。如果與人民對政治的冷感麻木相比，或與選民受迫被動的投票相比，這些現象反倒算是不難根治的輕症了。

　　貪婪和缺乏理性，其實都是人性中的一面，本算不了一種病症。企圖從人性中徹底剷除貪性和暴力，只是一種烏托邦式的妄想。這種妄想如不整個地毀滅了人類，也會把人類引領到另一種更可怕的苦難之中。貪性和暴力既是人性中無法根除的本性，就應該設法加以平衡和疏導，使人的貪性可以根據一定的渠道合理地獲得滿足，使人的暴力也可以在不損傷他人的情況下有施展的可能，而決不能一味地壓抑。

　　當下在選舉中所表現的腐化和暴力，是不是跟人民在社會中沒有正當的滿足貪性和暴力的渠道也有些關係？如果是的話，那就應該從整個的社會制度和社會心理加以考慮，而不應該只把眼光局限在選舉中的腐化和暴力上。就是取消了選舉，腐化和暴力依然可以從其他的方式中表現出來。所以根本的問題乃在如何促進社會心理和社會制度的健全性。要做到這一點，傳統的堵塞的方法和壓制的政策是決不會奏效的，今後在立法的觀點上和教育的政策上都有重新加以考慮、大幅度地改弦易轍的必要。

提高地方政治人才素質

　　以上所說是腐化和暴力的根本問題所在。選舉中所表現的腐化和暴力，除了根本的原因外，自然還有歷史的和社會的原因。黃輝珍在〈發燒中的地方政治勢力〉一文中，對形成賄選和暴力的，歷史的以及社會的原因有很詳細的分析和說明，宋澤萊以前也在〈鄉選時的兩個小角色〉中做過一次很生動的抽樣素描。這些文章都很值得做為關心這個問題的政治領導人的參考。黃文中

提出兩個鄉選中的重要問題：一個是立法的問題，一個是候選人的資質水平的問題。前者很容易由政府聘請專家，根據實際的選舉經驗，重新檢討選罷法的內容和執行方式。但正如黃文所言，徒法不足以自行，最重要的還是後者，人的因素。人的素質高，可以把壞法變好法；人的素質低，就可以把好法變壞法。英國的法律沒有大陸法那麼細密，主要的就是靠人的因素。英國的政治領導人多出身牛津、劍橋等高等學府，可能有某一階級把持政治之嫌，但這些人自律性很高，很少有和尚打傘的作風出現。不合理的現象，隨時在修改，這也就是英國難以發生革命的原因。提高鄉選舉候選人的教育水平當然非一日之功，但也並不是無計可施的。譬如說將來縣市長的候選人中鼓勵有基層行政經驗的人參加，或至少打開基層行政人員升遷的渠道，把基層的工作看作是一部分中上層行政工作的必經過程，那麼教育水平較高而有志從政的青年，就不會放棄或不重視這種大有前途的基礎工作了。

　　所以說賄選與暴力雖說是選舉中的病症，卻絕非不治之症。只要加以細心的設計和耐心的引導，一定可以改善。這樣的經驗，也正是使人民學習如何自律、如何運用理性的一個大好機會。誰不是自己跳進水裡學會游泳的？光靠課本的知識和別人的解說能成嗎？今日選民因無知或貪婪所造成的惡果，將來必由自己吞食之。這就是在實踐中學習民主制度的一個必經的過程，誰有權剝奪人民在學習中逐漸成長的權利？

生病的民主比專制要好

　　有人覺得實行民主制度老是出問題，不是發生這種病，就是發生那種病，因此很覺失望。可是要知道生病的民主也強過健康的專制百倍。生病的民主仍有走向公正、理性與自由的希望；專制獨裁則是愈健康愈能有效地保障一小部份人無限地擴展他們的貪性而加暴力於眾人的身上！

原載《時報雜誌》一九八三年三月第一七〇期

觀念的民主

　　有人把民主分作三個層次：即經濟的民主、政治的民主和觀念的民主。像平均地權、節制資本、社會福利制度等屬於經濟的民主。像議會政治、法政分立、多黨競爭、民選官吏等均屬於政治的民主。那麼哪些屬於觀念的民主呢？因為觀念的民主是抽象的，表現在一個人時時的思維和行為中，例子多得不勝枚舉，所以反倒不易列舉了。但如不舉出個實例來，卻又難以說明事情的真相。

　　我們不妨舉一個生活中隨時可見的例子來說明。譬如說父親跟兒子，依照傳統的方式，父親坐著，兒子就得垂手而立。這正是因為兩個人都沒有民主的觀念所致。人天生是平等的，為什麼一做了人家的兒子就該矮半截呢？這定是後天文化因素形成的，自然中並沒有這種道理。什麼樣的文化因素才會形成這樣的結果呢？是父權和君權的制度造成了這樣的結果。現在我們既然在社會與政治制度上拋棄了父權和君權的制度卻保持了父尊子卑的觀念，是合乎邏輯的事嗎？自然不合邏輯！所以具有民主觀念的人，就不會表現出父親坐著兒子垂手而立的這種行為來。

　　這並不是說兒子不該尊敬父親，兒子當然應該尊敬父親，但卻不必以貶抑自己的方式來達到尊敬的目的！另一方面，在對等的關係下，父親也該尊敬兒子。同理，學生應該尊敬老師，老師

也應該尊敬學生；下級應該尊敬上級，上級也應該尊敬下級，大家彼此尊敬。換一句話說，就是人與人之間彼此尊重各人的人格和權利，並不能因父子、師生或上下級的關係而有所改變！

也許有人說：「我們要的只是政治與經濟的民主，我們不要這種觀念的民主！」說這種話的人，是沒有經過好好思考的。如果缺失了觀念上的民主，無論政治的還是經濟的民主，都不過是一個空架子而已！觀念上的民主才是充實這個架子的內涵，才是民主的靈魂。

也許又有人說：「父尊子卑早是我們的文化傳統，我們不能為了實行民主就放棄我們的文化傳統！」

說這種話的人，也並沒有仔細考慮一下父尊子卑的社會歷史背景和心理因素。父尊子卑是重老賤幼、重男賤女、重君賤臣的老人文化中一脈相承的一套制度中的一個環節，存則皆存，毀則皆毀。不能說我們男女講平等了，政治講民主了，而獨獨保留父尊子卑這一項。難道說父親的滿足與尊嚴就只靠壓扁了兒子來達成嗎？

觀念上的不願與人平等相待，其實只由於一念之差，即來自原始社會中初民的行為：以壓低別人來抬高自己。君臣的地位是如此，父子的關係也是屬於這一類。如果現在了悟到不用壓低別人一樣可以抬高自己，為什麼非要壓低別人不可呢？

如果人人在觀念上有這樣的躍進，各種各樣的民主制度都不難隨之而來了。

一九八三年四月二十五日於英倫

英國的民主廣場
──海德公園的一角

　　初來英國的中國人，在電視的新聞片中，看見英女王正當檢閱儀仗隊時，探身急抓被大風吹去的帽子的滑稽相，不免心中懷疑，何以英國的新聞局或電檢處竟如此的不盡責，讓這種有損元首尊嚴的鏡頭也出現在觀眾的面前？

　　及至在電視的鬧劇中，看到扮演女王的演員在白金漢宮的陽台上居然崩裂了體服，露出了女王陛下的尊背，則不禁大驚失色。電視演員、導演、製片，連帶電視公司的總經理，這一干人犯，怕不要一古腦兒關進監牢裡去嚜？然而竟也無事！只怪我們中國腦筋，少見多怪。原來這只是英國人的幽默，算不得大不敬！

英國人愛開政治玩笑

　　在英國住久了，就發現英國人很喜歡開政治領導的玩笑，不但本國的女王、首相、部長之類是開玩笑的對象，連外國的元首也不能倖免。像雷根就職時，就在播映就職新聞的同時，加插了一段BBC（也可能是ITV）記者特訪雷根的鏡頭。我們看到美國的新任總統油頭粉面一本正經地坐在嶄新晶亮的大辦公桌後，身旁巍巍然插著美國的星條旗，但一張口，糟了，連英國的現任首相是誰也沒弄清楚！一面接受訪問，一面還要拿勢做態地舉起一

面鏡子來自我欣賞一番。美國的新任總統就是這個德行囉？原來這不過是個假雷根，算英國的電視台送給美國總統的一份就職禮物！英國人真是夠幽默的！

幽默，不僅是一種高尚的傳統，也是種文化豐厚的表現。英國人很以此自傲，外人也不免有些兒眼饞。只要經驗過英國人的幽默的，就不能不承認英國人是有點過人的涵養。因為幽默主要還不在嘲笑別人，而在嘲笑自己。能夠嘲笑自己的人，就不簡單！

在我國人中，比較懂得自嘲的，應該首數北京人。這大概跟北京曾為幾代帝都有關。北京人寫的文章也與眾不同，像老舍、梁實秋、夏元瑜的筆下，就頗懂得諷人與自諷的藝術。要挖苦人，最好先從自己開始，這就是幽默的可貴處。可惜中國人也只有北京人有這種素養。到了天津，說話就嗆了，而且容易吵架。往南走，到了我們山東，更甭提了，一言不合，就擼袖子揍人矣！長江以南，幽默二字，似成絕響。魯迅很會諷人，但不肯自嘲，所以算不了幽默。但聽說四川人有幾分幽默感，據說是承受了僑居四川的諸葛亮三氣周瑜的遺風，不知然否。戲台上的諸葛亮倒的確有些度量。江南人的周瑜就不成，受不住一氣再氣，也就是不怎麼懂得幽默之道，終於斷送了性命。

一般說，除了北京人以外，我們各省人都不多麼敢開人家的玩笑，也沒有開自己玩笑的度量，更不敢取笑長輩或有地位的人，因為素無這種習慣，深怕一旦出口吃不了兜著走也。然而現今的北京人，久經不懂幽默的南方人領導之後，還能保得住幾許幽默的涵養，怕也成問題了吧？

英國人的幽默倒的確有點深遠的傳統。莎士比亞已經很會說

俏皮話，狄肯斯的小說更是幽默的典範，蕭伯納的戲劇則專刺世人的弱點。英國的喜劇家特多，而且各有專長。在英國的文學批評中，機智與幽默都是重大的課題。但是英國人幽默的胸懷與涵養，表現得最為淋漓盡致的還是在政治方面。不但每天的報章輿論對政治人物或社會現象經常地嘲弄諷譏，就是各政黨的領導之間彼此也毫不留情。俗話說得好，久煉成鋼。開始吃不消的，久而久之就練成了一副健胃，不管軟硬乾濕一概納而消化之。英國的議院中，在相對的席位之間畫有兩條兩劍之隔的粗線，規定議員在發言時不可超越此線。據說就是因為當年議員們因受不住對方的嘲罵，曾經拔劍相向，以致血流百步。現在文明了，議會期間，議員不准帶任何武器入會。動口嘲罵則可，敲桌子打板凳亦可，但不能飽對方以老拳。縱然如此文明，修養又十分到家，年老氣衰的人還是不敢擔任首相一職，以免刺激血壓。英國人之所以容易遵守議事規則，也因平素早有訓練。

　　在英國，一般人無不熱中於足球與賽馬。前者是有規則的遊戲，後者是公平的冒險。大家都習慣於在規矩之內各顯神通，但在規定之外則不能搞什麼陰謀陽謀。想一手遮天也遮不住，因為在日常生活中沒人有這種經驗。所以在政治的運用上，儘可以公開地嘲諷抨擊對方，但不能在私下裡攪沙子、挖牆角。如果這樣做了，一旦為人所知，就失掉了君子風度，永世不得翻身矣！既然各政黨之間彼此經常抨擊得體無完膚，小市民說幾句風涼的俏皮話，那簡直是大象身上的跳蚤，任你如何口毒，也咬不到痛處。所以英國的政府不但不在乎人民的嘲譏批評，還特別闢出一個「民主廣場」，讓人民盡情地一吐心中的任何怨忿與不平。

兩百年歷史的海德公園

　　這個民主廣場，就是倫敦海德公園中有名的演講者的角落（Speakers' Corner）。這個角落，據說大概已有兩百年的歷史。五十年前，老舍在倫敦大學教書時，就曾對這個角落大感新奇，並且仔細觀察過。我們先看看老舍在《二馬》中對當日這個民主廣場的描寫：

　　　　禮拜天下半天，玉石牌樓向來是很熱鬧的。綠草地上和細沙墊的便道上，都一圈兒一圈兒的站滿了人。打著紅旗的工人，伸著脖子，張著黑粗的大毛手，扯著小悶雷似的嗓子喊「打倒資本階級」。把天下所有的壞事全加在資本家的身上，連昨兒晚上沒睡好覺，也是資本家鬧的。緊靠著這面紅旗，便是打著國旗的守舊黨，脖子伸得更長（因為戴著二寸高的硬領兒，脖子是沒法縮短的），張著細白的大毛手，拚著命喊：「打倒社會黨」、「打倒不愛國的奸細」。把天下所有的罪惡都擱在工人的肩膀上，連今天早上下雨，和早飯的時候煮了一個臭雞蛋，全是工人搗亂的結果。緊靠著這一圈兒是打藍旗的救世軍，敲著八角鼓，吹著小笛兒，沒結沒完的唱聖詩。他們讚美上帝越歡，紅旗下的工人嚷得越加勁。有時候聖靈充滿，他們唱得驚天動地，叫那邊紅旗下的朋友不得不用字典上找不出來的字罵街。緊靠著救世軍便是天主教講道的，再過去還有多

> 少圈兒：講印度獨立的，講趕快滅中國的，講自由黨復興
> 的；也有什麼也不講，大夥兒光圍著個紅鬍子小乾老頭
> 兒，彼此對看著笑。

老舍所說的玉石牌樓（Marble Arch）就在海德公園中這個民主廣場的外邊。五十年飛快地過去了，這個老傳統依然健在，仍然是星期日的下午，也仍然是各黨各派各式各樣的演講者，圍了大圈小圈的人群。今日的演講者恐怕已是老舍當時所見的孫子輩，所講的主題當然也已與五十年前的不同。如果遇到天氣好的星期日，講演的可能有幾十個，聽眾可以逾千人。如以所講的主題分組，大概可分四類：一是政治、二是宗教、三是社會、四是文藝。

在政治這一類中，工人階級與資本家的對立似乎已沒有五十年前那麼尖銳。雖然仍有豎著紅旗宣傳馬克思主義的激進派，但聽眾寥寥，而且也沒有對手，保守黨的代言人也要重視工人的利益，似乎已經放棄了攻擊工人階級這一策略。比較燙手的問題反倒是國際性的。比如前些時伊朗拘押美國人質時，替柯梅尼辯護的人就很囂張地引了大批的阿拉伯人聽眾。另外替巴解說話的和替以色列說話的常有針鋒相對的攻訐。

最惹人注目的則是幾個所謂反種族歧視的印巴人。他們經常嘲笑和攻擊英國的政府和英國人。其中有一個口才特別出眾，每一登台就吸引了大批的聽眾。其言詞之尖酸刻薄也無以復加。例如他常說：「你們知道為什麼大英帝國素稱日不落帝國？因為上帝對任何在黑暗中的英國人都不放心！」又問：「你們知道你

們英倫堡王冠上的世界第一大鑽是哪兒來的？」聽眾諾諾無以對。彼則曰：「是從印度騙來的！這就是你們英國人最值得驕傲的事！」大多聽眾均大笑，包括英國人在內。但有時也有幾個英國人給罵火了，忍不住爭辯幾句，通常都會被演講人抓住小辮子痛訓一頓。如沒有別的小辮子可抓，演講人還有一手，即故作姿態曰：「請你說英語好不好？」英國人曰：「我說的就是英語！」演講人則曰：「我是請你說牛津的英語，你的蹩腳英語我不懂！」英國人給弄得沒法子，因為多數英國人均帶有些階級的或地域的特殊口音。這一著也正刺到英國人的痛處。如果英國聽眾質問：「你既覺得英國跟英國人這麼不好，你為什麼不乾脆滾蛋？」「滾蛋？」演講人怒曰：「你知道我們是誰？告訴你吧，所有今日在英國的黑人（印巴人皆自稱黑人）都來自今日和昔日的大英帝國領地。我們就是帝國（We are the Empire）！再說你先生最好先到大英博物館去看看，裡面的東西不是印度的就是埃及的，再不然就是非洲的。要我們走，我們得帶著東西一塊走，先把大英博物館搬光了，再談這個問題還不遲！」挨了罵的英國聽眾，多半不但不氣，還覺得演講人真正罵到痛處。

　　有的舉起相機就給演講人照相，這又給演講人一個說俏皮話的機會。「照吧！照吧！」演講人說：「洗出來後別忘了貼在浴室裡。令夫人洗澡的時候，我也就在那裡啦！」但有時也會碰到失去了幽默感或修養不到家的英國人，不免臉紅脖子粗地對演講人撈袖大罵。這時候演講人就毫不客氣地喊現場維持秩序的警探，就是老舍所見那一般兒高，一樣的大手大腳，好像一母所生的哥兒們的那種。並且再加上幾句：「你知道我為什麼不在希特

勒的德國罵人？也不在蘇聯罵人？偏偏在英國罵人？這全因為英國人全是笨蛋（All English are Stupid）！如果取消了民主廣場，不就乾淨了嘛！」這一點英國人的確不夠聰明，如果來個又民主又專政，對自己人民主，對外來的有色人種專政，也就解決了問題啦！

在倫敦到處丟炸彈為警局所通緝的所謂的北愛爾蘭「暴力分子」，雖然無法自己公開演講，卻也有他們的代言人。一般反種族歧視者都會順便為他們辯護幾句，以便攻擊英國政府的雙重標準。他們常拿北愛爾蘭與匈牙利和捷克對比，來嘲笑英國人：「抗蘇聯的匈牙利人和捷克人都是抗暴的義士，怎麼抗英的愛爾蘭人就成了暴力分子呢？」對這一點英國人是很難自辯，因為別看很多外國人常常囫圇吞棗地把英國三島的人概稱英國人，其實他們自己分得非常清楚，不要說愛爾蘭人，就是一向與英格蘭人合作無間的蘇格蘭人也決不以英國人自居。一般說，在政治問題上幾乎所有的演講者都是英國政府的反對派。事實上如非是為了唱反調，又何苦到民主廣場上來呢？以本國的警察保護外國人和反對派來嘲笑自己的政府和人民，倒真是世界上少有的現象，真不能不使人佩服英國人的健胃腸。

當然對此也可以持不同的看法。往好裡說是英國人的度量大，講民主；往壞裡說也可以說英國人講求實利，不在乎面皮。平素把臉皮訓練得厚厚的，臨起陣來就決不吃虧。在國際性的折衝爭鬥上，不管是文攻，還是武鬥，英國人很少敗過陣。不要說專講面皮的中國人，碰到英國人手裡不是敵手，就是組織能力比英國人高強多多的法國佬，碰到英國人也等於碰到剋星。在新大

陸的爭奪戰法國人一敗塗地，連不可一世的拿破崙，也過不了威靈頓那一關。二次世界大戰時英國成為脫出希特勒掌握的最後自由堡壘，而為所有歐陸流亡政府的寄身之處，恐怕也並不是一種歷史的偶然。這是對外而言。對內呢，英國以一個民族如此複雜、階級相當分明的國家，而居然能逃過了法蘭西式的大革命，也避免了德意志式的法西斯，也足見是有些道行的吧！

「回歸耶穌」「上帝恩寵」

在民主廣場宣傳宗教的為數不少，但聽眾卻很不成比例。耶穌教、天主教的信徒常常掛起「回歸耶穌」或「上帝恩寵」的大招牌，粗聲大氣地喊叫。可惜的是對象只有小貓兩三隻。那邊反種族歧視的人不免拋幾句冷言：「叫什麼！耶穌是生在耶路撒冷的猶太人，到了英國只算移民，連公民權都拿不到。所以耶穌永不會到英國來！」有一次在民主廣場上居然出現了一隊炎黃子孫，一律的白布坎肩，以紅墨大書「真福音」等字，都是中文正楷。既自稱真福音，可見別的福音皆假。幾個男女用廣東調的英文扯開喉嚨大喊，一心要把真福音傳入英國，為這些罪惡深重的英國佬贖罪。這場面要給義和團的鬼魂見了，不知作何感想？

比起宣傳宗教來，那談社會問題的就受歡迎多了。特別是兩個專罵同性戀的黑人，更是叫座。在他們的嘴裡，美國的這幾任總統，除了尼克森以外，都有同性戀的嫌疑，所以在越南不能取勝。英國的現任首相余契爾夫人既素稱鐵娘子，更是不可救藥的同性戀者。女人情有可原，男人則罪該萬死。白人之所以道德

敗壞，全因為搞同性戀的關係；而黑人之所以道德高尚，則因為
陰陽和調之故。看來看去在世界上的政治領袖中只有伊朗的柯梅
尼比較順眼，因為老柯不但敢於處決同性戀者，而且以六十多歲
的老翁，專愛十六、七歲的少女。演講者又自詡從五歲已經懂得
男女之事，且興趣濃厚，技術高明，因此走到倫敦街頭，常為白
種婦女所包圍，有時候不得不勞動警察護駕云云。講到興起時，
就在聽眾中指出幾個年輕人來派為兔子，作為嘲笑的對象。要是
年輕人否認，他就說：「如不是，為什麼臉上搽粉？」被指的年
輕人果然敷了粉。年輕人只好說：「因為我喜歡！」其實他該問
為什麼戴耳環？因為在倫敦男人搽粉的並不多，戴耳環的卻多得
很，而且戴的耳環越來越長、越來越漂亮。這大概是英國的傳
統，莎士比亞的畫像就戴著耳環。聽眾也常反唇相譏，有的說：
「你在這裡吹什麼？昨天我在公共廁所裡遇到你，就見你沒穿褲
子！」聽眾大笑，演講者不得已也只有跟著笑。演講者藉衛道之
名，卻一味跟聽眾調笑鬥嘴，招引了一大群儇薄少年和好奇的遊
客。當然也有比較嚴肅的演講者，真正想討論點社會問題，但常
因內容枯燥、口才欠佳，引不來聽眾，只能瘋人似地自說自話。

在民主廣場的演講者中，有一個年輕的猶太人，特別出眾。
其人自稱叫馬亭，職業是飯館跑堂，卻是個業餘詩人，應該歸入
文藝一類。如果你遠遠看見一大群人擠得水洩不通，大概八成是
業餘詩人馬亭在裡邊朗誦他的近作。他自稱他的詩都是跟性有關
的，其實比起我國的宮體來，不過是小巫見大巫。大概太過分了
要遭受取締的。即是如此，馬亭自言還時常遭到警察的驅趕。而
且有報紙為證，馬亭立刻展示給眾人有些小報上所登的詩人馬亭

跟警察惹麻煩的鏡頭。有一次他正在大罵警察，不想身後就站了一個，結果警察一氣取走了他立足的矮凳，弄得詩人只有虎落平陽。馬亭從不罵聽眾，卻不相信警察，所以時常要求聽眾的保護。馬亭的詩不一定多麼美妙，但表演卻十分精采。每次朗誦無不全力以赴，口眼眉鼻腰身手足全體動員，不到口沫橫飛、聲嘶力竭決不罷休。因此在時間上無法持久，一個小時下來已經要累個半死了。

　　其實所有的演講人都相當賣力。不管聽眾多寡，喊得都很起勁兒。沒人有麥克風的裝置，大概為法所不許。因此有不少人採取車輪戰法，由兩三個人交替主講。也有人站在矮凳上一語不出，大概在等聽眾。聽眾不來，他不開口；他不開口，聽眾自然也不來。有一個老頭兒胸前掛著個紙牌子，上書「新廢話」（New Nonsense）默默地站在那兒，不出聲，也沒有人理他，自然也沒人知道他的新廢話是什麼。有一個年輕人專談他自己的私事，可是半天不說一句。在那兒跟聽眾瞪眼兒玩兒，居然也有不少人站下來跟他對瞪。他的主題是「我的問題就是你的問題」。又有個老頭兒在那裡比手劃腳，跟打太極拳一樣，好半天迸個單字出來，別人沒笑，自己倒笑得了不得。也有人圍著看。還有一個半瘋子。終年光著髒兮兮的兩隻腳，頭髮像綿羊的尾巴，大概從來不曾洗過，穿的衣服則像打炭坑裡爬出來的一般，也常來講難解的哲學問題。有不少深思好學之士圍著聽。

　　有一次居然有一個自稱「中國學」大師的人在那裡講孔子。殘廢了的老太婆，坐著輪椅來給人看手相。真是形形色色，無奇不有。

代表一種多元價值

這種百家爭鳴的場面，代表了一種多元價值、多面真理的觀念。爭鳴不是一種達成最後真理的手段，爭鳴的本身就是目的，因為天下並沒有絕對的最後的真理這種事。舉一個淺近的例子，白人以白皮膚為美，但到了黑人嘴裡，白人就成了無色的種族，夏天曬焦，秋冬發黃，春天變臭。默罕默德一手執可蘭經一手執劍，集真理與暴力於一身，固然也可以達到團結與統一；但英國人則採取了另一種手段：就是在爭論中求團結，在矛盾中求統一。比之於音樂，是交響樂，而不是齊聲大合唱。交響樂雖也有統一的指揮，但指揮所取者正是不同的聲音，而不是萬眾一聲。換一句話說，在政治生活中，承認多重標準，走容忍與妥協的路子。

英國的這種經驗不但解決了不少自身複雜的問題，而且也正為其他民族所競相仿效。英國的旁枝美利堅共和國、英國的舊領地加拿大、澳洲等自不必說，就是英國世敵的法德等國也不得不步上英國的後塵，學會了容忍與妥協。但學得最神速的應該算日本，連君主立憲的政體也一古腦兒搬了去。容忍與妥協就是民主政治的內涵。民主生活最淺近而具體的一種表現，是讓大家都可以說心裡的話。但話一多就不免有失，所以大家都得有點涵養才行。不能有人罵禿子，和尚就立刻跳起來。英國人就是被人指名罵的時候，也可以面不改色地說：「他在罵誰呀？」這得要點涵養！記得戰後我國有部「假鳳虛凰」的影片，因為打趣了理髮師，結果引起了上海理髮業的示威抗議。如果要是打趣了警察，

那就更不堪設想了，使得中國演不出喜劇來。除非去打趣狗，演狗的喜劇，也許還不會發生問題。可是誰又知道？狗的主人也可以抗議的！英國人則很喜歡喜劇，好像什麼人都可以刺他一下。從政的人，特別得要練出一副厚臉皮，經得住嘲罵才行，沒有人硬充聖人。聖人當政，就難以民主！這恐怕也正是聖人太多的國家，不容易民主的原因。

有地方可發洩牢騷

　　我問過好幾個英國朋友，有沒有去過「演講人的角落」，竟也有人沒去過。我以後再去時，留心看了看，果然外國的遊客和其他種族的僑民佔了大多數。這跟五十年前老舍所見的光景似乎有些不同。那時候英國自己人相當多，談論的也多是內政問題。經過半個世紀的變化，英國似乎又朝民主化前進了一步。他們自己的公民，發言的地方越來越多。議會、報章雜誌、各黨的集會、各種工會的組織中，都可暢所欲言、以致使這個「民主廣場」漸漸地變成了「有色人種」的外僑發牢騷的所在，也成了吸引遊客的一種「西洋景」，似乎是流於一種可有可無的點綴。但這沒有關係，只要有這麼一個所在，大家知道有牢騷和不平的時候，可以有個地方公開地對群眾叫出來，心中就覺得安定。正像窖金的鄉民，雖然永不去動用這分財富，心裡卻覺得自己不是窮人一樣。

一九八一年二月十四日於英倫

人權一例

　　住在倫敦黑叟（Heathrow）國際機場跑道南端的一個六十九歲的園丁，因受不了終日飛機起落噪音的騷擾，向駐在法國斯塔斯堡的全歐人權委員會提出了控訴。

　　這位老園丁為什麼不可以在英國國內提出控訴呢？因為英國的民航法不接受對飛機在飛行中或在機場中所造成的損害的控訴，因此老園丁別無他法，只有求助於國際性的人權組織。

　　老園丁提出控訴的理由是：第一，他居住該地在機場營造以前；第二，他的安靜的住宅受到了無法忍受的、不合理的、不必要的飛機的噪音的騷擾；第三，在政府防止噪音獎助條例下所加裝的雙重玻璃隔音設備沒有效力；第四，他想把住宅改為商業用途，而遭到政府以有損住宅區之安謐為理由而拒絕；第五，他想遷居，但因為目前的住宅因噪音的問題而房價下落，使他無力在其他地區購置同等的住宅。

　　英國政府強硬地反駁了老園丁的控訴，理由是：第一、根據歐洲人權條例的解釋，個人之人權必須與社會權利之間取得平衡。在一個民主社會中為維護大英聯邦的經濟福祉以及保障其他人之權利和自由的前提下，黑叟國際機場的運作是必須的。第二、有關方面已經採取了種種合理的措施以減輕飛機的噪音。第三、歐洲人權條例中所言應保障產業的和平與安樂，不能夠只從

字面來解釋，其含意乃在抵制不合理的或專橫的侵擾。第四、保障產業的和平與安樂並不能引申為反對噪音；噪音固然可能會影響生活的安適，但是並不會影響到產業的權利。

目前歐洲人權委員會擔任仲裁人，希望兩造在談判中達成雙方均滿意的協議。但是歐洲人權委員會認為老園丁的控訴理由充足，是可以被接受的，如無法達成協議，就送交人權法庭判決。

這個例子說明了兩件事實：一是個人的權利需要自己來保障。老園丁如果不主動尋求門路，提出控訴，其他的人、包括英國政府和社會，不但不會保障他的權利，反倒是侵害他權利的對象，二是社會（國家的或國際的）得要具有充足的保障人權的立法及法庭來擔負保障人權的責任，否則眇小的個人，權利遭受侵害時──特別是侵害的一方可能是強有力的集團──又到何處去投訴呢？

一九八五年十月十九日於英倫

中國人在現代化中所面臨的問題

歷史的重演

　　清末在西方列強船堅砲利的威迫下，在累次戰事失敗所簽訂的不平等條約的屈辱下，不得已開放沿海的城市與西方通商，當時可說是意不願、心不甘，不得已而為之。

　　因為中國與西歐的國家最大的不同點即是中國一向是一個自給自足的國家，一向是一個自我封閉的國家，這種傾向一方面固然是受了地理環境的影響，但另一方面也與中國的社會結構和文化型態有關。在性格上說，中國原是一個相當孤僻的老人，輕易不願與人溝通，甚至連戰爭（也是一種溝通的方式）也常是被迫而為之。

　　但是自從清末對外開放以後，不但本體的文化受到了激烈的衝擊，同時在性格上也引起了變化。然而這種情形並沒有維持多久，一遇到外力減輕的時候，馬上又回到自封自閉的狀態。中共三十多年的自閉政策，並非全出於美國的封鎖，多半還是由於一種歷史文化性的延伸。這種自閉在現代的世界中代價是慘重的。原來繁華興旺的工業城市像上海、天津等地經過三十多年的自封，都成了些黯淡而衰頹的地區。不要說難以與香港和台北相比，連高雄的氣象也比不上。到了這種地步，中共的領導人才忽然醒悟，決意要再度對外開放十四個沿海的城市，以挽救經濟的衰謝和社會的停滯，甚至退化。不能不使人覺得歷史是否又在重

演。雖然這次不是在外力脅迫之下，而是自願開放的，但是必然帶來相同的結果與影響，就是中國在世界上不能再成為一個自我封閉的自給自足的經濟與文化的單元。回頭看來，如果三十年前就繼續走對外開放的路線，現在中國大陸不是已經成為另外一種面目了嗎？這三十年的自虐式的犧牲是為了什麼？人所受的痛苦，國家所受的斲喪，這筆帳又該向誰去算？

自封自閉的心理多半來自對外人的恐懼，對外人的恐懼又多半來自對外人的不了解。不了解的結果不是把外人看作其惡如鬼，就是捧成高明如神。其實人都是類似的，都有缺點和長處。人本有乘機取利的傾向，愚笨的人給人佔了便宜，常常不檢討自己的愚笨，反說別人心計不良。但人也都具有理性，如果你本身有足夠的理性，又何懼與外人溝通往來？如無能取人之長以補己之短，是自己的過失，又與外人何干？前車之鑑，後世之師！

一九八四年十月十六日

壞人與好人

在資本主義的社會中，有錢人享有種種的特權，看在無錢人的眼裡，便成了些無心肝的壞蛋。因此所謂社會主義國家的文藝工作者，盡量把資本家和地主之類描寫成天生的壞蛋。但是如今在社會主義國家中，作威作福享受特權的是當權的幹部，身受其害的小民當然也會把這些人看成是些無心肝的壞蛋。專愛打抱不平的文藝工作者，又開始把這些人描繪成天生的壞人。這就是人類一貫的二分法的善惡觀。

由於二分法的善惡觀，不但分裂了今日的世界，而且也混淆了一般人對人性問題的了解和進一步探求正視人性問題的興趣。

把地主看成壞蛋是一件簡單的事，但要追問為什麼成了地主以後心腸就變壞了，卻是一件複雜的事；把當權的幹部看成是壞蛋也是一件簡單的事，但若要追問為什麼人當了權以後心腸就變壞了，卻又是一件複雜的事。

若是按照社會主義國家的意識型態和邏輯推理來看，人一旦富足了，就會腐化、變壞。那麼最好大家都永遠是窮人，才能保證道德上的清白。若是按照資本主義社會中的意識型態和邏輯推理來看，人一掌握了絕對的權力就會腐化、變壞，那麼最好大家都不要掌握權力，才會保證道德上的清白。但這二者都是做不到的。社會主義國家也漸漸明白過來，不能不追求財富，更不能為

了保持道德上的清白而永遠停留在一清二白的狀態。資本主義國家雖然反對少數人握有絕對的權力，但也不能避免權力和財富分配的不均。兩方面都存有許多獨力無法解決的問題，但是這些問題都被善惡二分法給混淆了，使無法解決的問題總是停留在無法解決的階段。

善惡二分法其實是最古老的一種意識型態，是人性中的兩種面相。基督教的上帝與魔鬼的對立和儒家的君子對小人以及義利之辨與此均有密切的關係。善與惡本是由自身出發，而後卻變為人我之分：即人惡而我善。如果以「我」為本位，當然凡有礙於我者均為惡。眾人皆不能避免全無礙於我，則眾人皆惡，唯我獨善。由此推而廣之，「我」之集團為善，人之集團為惡，我之種族為善，人之種族為惡，我之國家為善，人之國家為惡等等。

我們大多數人都是在這種善惡二分法的薰陶下成長的，因此我們很容易把他人分作善惡二類，或是逕自把人我看作惡與善的對立。只有這個世紀的受了現代心理學影響的作家們才開始從自身發掘善惡的基因，也企圖把善惡融匯起來，使其不致成為你死我活的兩個極端。也許這才是人類可以超脫分裂狀態的一線希望。

一九八四年九月二十八日於倫敦

公私之間

公私自古就是一種對立體，但從來其分別就不明確。

在我國古代的家族組織中，大體說應該是只有私而無公，但在家族的內部卻也有公私之別。尚沒分家的各房之間，除了共有的財產外，還都有些私房錢。最高統治者的皇室，按理說本該是有公無私，但實際上卻完全是私天下，即所謂的「普天之下莫非王土，率土之濱莫非王臣。」你說，還有什麼「私」比這種「私」更大的？

因此「公」與「私」只流於一種對立的概念，在實際的生活中絕不明確。「公」與「私」既是種概念，大家都可以靈活運用，眾人都努力鼓勵他人為公，自己暗地裡卻盡量為私；鼓勵別人為公的，其實正出於一種私心。如果真正具有利他之心，那麼就應該鼓勵別人為私，自己為公才對！

真正公私之間的界限比較明確起來，始自人類進入資本主義社會之後。正因為資本主義的大原則乃建立在人人為「私」的原則上，「公」才真正顯現了出來。在資本主義社會中，既然為私是一種正當的行為，也就沒有隱晦的必要，大家公然地為了私利而工作，不需要再玩弄什麼「假公濟私」的虛偽手段了。因此在這樣的社會中就產生了兩種後果：一是既然社會承認我有「私」的權利，我自然也尊重社會中「公」的領域。因為只有在尊重

「公」權利的情形下，才更足以保障自己的「私」權利。二是既然我有絕對私的自由，我也不一定非要用盡這種自由不可，我也很願爭取一些為公的自由。結果是私人捐獻的風氣在人人為私的資本主義社會中反倒比人類歷史上任何其他種類的社會為盛。

然而近代有些自以為深諳人性及社會原理的政治家，完全無視於這種人類的真實經驗，竟誤以為只要用教育的方法，每天多講幾遍為公，大家就心悅誠服地為公起來了。

大陸上「人民公社」的創制，就是建立在這種「為公」的空想上。結果是既然連人自己都成了公家的，侵吞一些公家的財貨也並不算非分了；公人佔有公物，不是非常合理的嗎？這正是一般公社幹部的思想邏輯。結果是到了公私絕對不分的地步。誰的權大，公的也成私的；誰的權小，私的也成公的。

其實「財產」兩字的定義，基本上就是私的。如果從沒有私有財產，根本就不會產生「財產」的概念。今日公有財產的概念乃建立在私有財產之上；如只有公有財產，那麼這種財產就成了空氣與水一般，沒有特別釐定的必要了。

就社會的組織與運作而言，資本主義和社會主義的經驗，至少使我們學到了：有私產而後始有公產，有私利而後始有公利，有私權而後始有公權！

一九八五年三月十七日於英倫

言與行

　　我在以前的專欄中曾提到「我們的舊儒學已衰微不振，而新儒學尚未發生」的話，一連接到好幾位讀者的來信指教，其中並有自稱「新儒教」的教友者，才知已經有一個新儒教的存在。

　　我們知道「教」和「學」是完全不同的兩個字眼，前者指的是宗教，後者指的是學問或知識。不過二者也有一個共同點，就是都可以指涉到言與行兩部分。宗教的言，指的是教義；行，指的是信徒的行止。學問或知識雖然偏重於言，但王陽明提出的「知行合一」就認為知終究要落在行上才是真知。所以學問在言以外，也有行的問題。也就是說，真正信仰一種學說，就該起而行之，不能只掛在嘴上說說算數。

　　基督教的傳播，與其說是靠了教義的言傳，不如說是靠了信徒行止的楷模影響。首先，基督本人就是以釘上十字架替眾人賠罪的行為奠立了基督徒自我犧牲的精神楷模。羅馬時代，基督徒所表現的被暴君送入獅籠的視死如歸的無畏精神，不但可視為基督釘上十字架的一種精神延續，而且也是啟開後世基督徒的一種行為模式。在歷代人類遭遇到苦難艱困的時刻和地區，基督徒中不乏有挺身而出為人代罪犧牲或獻身為人服務的聖哲出現，像聖・芳濟、史懷哲和今日在印度救助貧病的泰蕾莎修女。

　　我自己雖非教徒，但卻接觸過不少有聖人般行止的基督教的

教士和修女。譬如已逝世的法國的蘇神父，半生在四川傳教，而半生在巴黎為東方的留學生服務。我相信曾經留法的中國學生，少有沒有受到過蘇神父的蔭蔽和協助的，辦居留辦不通的時候，找蘇神父！找不到居處的時候，找蘇神父！甚至於失業了沒有飯吃的時候，也找蘇神父！蘇神父總是來者不拒地替每一個流落異鄉的孩子解決種種不易解決的難題。我今天仍然記得蘇神父以七十多歲的高齡，親自陪我搭公共汽車去辦居留手續時的形影。他的白髮、他的永遠愉快的笑容，是我每次在別人遭遇困阨而需要我伸出手來的時候的有力的精神支柱。我欽佩蘇神父，但卻並沒有因為欽佩他的緣故而自己成為教徒。蘇神父也從來沒有因為我是非教徒而對我加以排斥或少予我以協助。

另外一位比利時的斐玟修女，也是我熟知的。她的前半生是在南京度過的，民國三十八年即來台北從事俗世的教育服務工作。現在因為心臟病的緣故可說纏綿病榻，看樣子她是無法再回到她比利時的故鄉了。可是她自己雖然在病榻上，卻不曾停歇她日常的助人的工作。她的周圍有許多不幸的人，需要她的鼓勵與安慰。每次見到她對異國人這種全心投入的熱忱態度，以及與病魔爭鬥的樂觀精神，都增生我不少在人生中奮鬥向上的勇氣。

我們歷代言行並重的儒者也時或出現。像文天祥、史可法，雖然只是消極地以身殉道，但總遺留給後世一種「殺身成仁、捨生取義」的精神感召，未使儒家的「仁義」學說只成為紙上的空言。可惜歷代以「仁義」治世的儒者卻甚為少見。特別是以儒家學說標榜治國的歷代君王，更沒有幾個把「仁」或「義」的德行在行為上表現出來的。

　　我說今日舊儒學已衰微不振，新儒學卻尚未誕生，主要的就是感於儒學已流為一種「言」的學問，而不再是一種「行」的楷模。我所見過的新舊儒者，多半都是博學之士，引經據典、博文強記、侃侃而言、面不改色，非常令人欽佩。但是一觀察他們的行為，卻相當欠缺令人感動的行止與事蹟。如果一種學說只流於紙上的「言」，而斷絕了身體力行的信仰者，能不衰微嗎？

　　　　　　　　　　　　　　一九八五年九月十一日於英倫

革命值得美化嗎？

　　革命是年輕人的夢想，卻不能不使成熟的人警惕！

　　年輕人誰沒有夢想過革命呢？一夜之間剷除了世間所有的不平，建立起一個理想的人間樂園。這是何等的浪漫！何等的悲壯！何等的勇猛！何等的痛快！我們可以用盡世間最美好的名詞來歌頌革命。然而革命果真如此美好嗎？革命真正能剷除不平、解決問題嗎？

　　如果我們靜下心來回顧一下人類革命的歷史，就可以發現革命對人類文化與生命的破壞遠過於建樹，摧殘遠過於維護。最為人稱道的法國大革命，固然推翻了貴族統治，開啟了法國今日自由平等的民主政權；但是不要忘了，英國沒有經過大革命，沒有經過血腥的殺戮；沒有製造人間的仇恨，也達到了同樣的目的！誰又能說英法兩國國勢的消長，以及在新大陸競爭中法國的步步挫敗，與法國大革命的元氣大傷沒有關係呢？

　　再說俄國的十月革命，固然推翻了沙皇的暴政，建立了布爾什維克的革命政權，但是犧牲了生命與自由所換來的列寧與斯大林的統治，對人民又減少了幾分暴虐呢？時到今日，有多少俄國人真正獲得了革命所帶來的自由與解放？

　　墨西哥的革命，本也是天助人助的農民起義。放羊出身的華海滋（B. Juarez）成為墨西哥的革命英雄、今日墨西哥的國父，

但華海茲所一手建立的革命政權，與其他中南美洲資產階級所建立的政權，有什麼本質上的分別？墨西哥大批無室可居、無地可耕的貧苦印地安農民得到解放了嗎？

最近的伊朗革命，以宗教領袖柯梅尼為首的革命政權驅逐了伊朗的王室，結果如何呢？當日為父兄監禁在伊朗王的監獄而痛哭的婦女，又不得不為其子弟的遭受殘殺處決而流淚了。柯梅尼的政權當政沒有幾年，已經公開及祕密地處決了幾萬政治犯，監禁了十幾萬人，而且驅使稚齡兒童捲入兩伊戰爭中的人海戰術。今日伊朗人民的遭遇與革命前的暴政相比較，又如何呢？

再回頭來看我們中國，我們大概是最熱烈擁護革命的民族了！在台灣，鮮有人敢批評辛亥革命；在大陸，更沒人敢否認一九四九年的政治社會大革命。但是如果我們有勇氣面對真實，客觀而冷靜地想一想，滿清政府固然腐敗無能，但辛亥革命之後的軍閥混戰，又為中國增加了多少福祉？跟日本的明治維新比一比，何者對國家民族更有利？

一九四九年的大革命，名義上是為了解放中國人民，特別是百分之九十的貧苦農民。可是中國人民是否因此獲得了解放呢？如果是，尚未被解放的香港的中國同胞何以這麼擔心九七大限呢？

記憶猶新的文化大革命，把中國的文化和中國人革成了一副什麼模樣？這是有目共睹、有耳共聞的。嘗到過這種革命滋味的人，到現在恐怕還沒有緩過一口氣來。當然也有些人寧願自動地或被動地忘懷了這一場噩夢，於是對倡導永遠革命論的人又開始頂禮有加了。

　　為什麼中國人（特別是中國的領導人）這麼不惜革命？大概跟我們中國一般人一心地擁護革命、熱愛革命有些關係吧？不管什麼樣的暴力行動，只要冠以「革命」兩字，到了我們的腦海裡，就代表著光明與正義，我們就非要膜拜景從不可了。為什麼會有這種現象呢？還不是因為一個世紀以來，革命家及其景慕隨從者共同鼓吹、大力宣傳，給我們群眾洗腦的結果嗎？

　　革命，本是一種非常的手段，是以正義為名的暴力行為，是一種不得已而為之的策略。在人類的歷史上，不計目的的手段，多半都沒有達到目的！因正義而為的暴力行為，最後都不曾彰顯正義，反倒激發了更大的暴力。倒是被送上十字架的基督、菩提樹下的佛祖和提倡不抵抗主義的甘地為人類留下了一些寬宏愛人的芳澤。如果我們人的潛意識中還沉睡著一些非理性的動物性的衝動，正可以借著美妙的革命之名，蠢蠢地躍出了我們理性的控馭之外。當眾人響應領袖的革命號召的時候，有幾個人是神智清明的？我們中國人已經不斷地革了將近一百年的命了，是不是還要永遠這麼革下去呢？

　　我們今日站在中國歷史的轉捩點上，回顧自辛亥革命以來，我們的新文學、新藝術，我們的戲劇和電影，是何等盲目地美化革命、歌頌革命！由歌頌革命而歌頌犧牲！由歌頌犧牲而歌頌領導號召犧牲的領袖！到了最後，等於在歌頌暴虐殘酷的行為了！在文學和藝術的領域裡，幾乎形成了一種殘人以逞的新美學！

　　幾十年來，我們讀的是這樣的文學，欣賞的是這類的繪畫、音樂、戲劇和電影，我們從沒有反省一下革命是否果真如此值得美化。如果我們信服真理與科學的重要，就該想一想，有多少文

學和藝術作品因為美化革命的關係而扭曲了歷史真相？又有多少文學與藝術的作品因為讚頌革命的關係誤導了人們的價值觀念？更有多少文學家和藝術家違心而屈志地為當政者短視的政策做了廉價的應聲蟲？或為暴政做了助紂為虐的走卒。在文學和藝術中所形成的這種殘人以逞的革命新美學，又壓抑了多少原該滋長發皇的人性的光輝？

　　年輕人傾向革命血色的浪漫情懷是值得同情的，但是成熟的作家是否也該多有一分沉思與自省的能力？如果中國的作家們沒有患上嚴重的盲從症，或患上無藥可醫的被虐狂，就該客觀而嚴肅地面對這一個世紀以來我國所遭逢的種種革命運動，更應該冷靜而公正地對待中國人所遭受的種種苦難。

一九八五年五月於倫敦

經濟發展中的上層結構

　　馬克思說過下層建構決定上層意識型態的話，為馬克思主義者奉為金科玉律。李維史陀卻認為人類的發展無寧取決於原始的意識結構，成為結構主義者的共同信條。前者唯物，後者唯心，大可為折衷派看作一體之二面。其實二者的著眼點皆在長程的歷史發展，絕不能施用於短期間的歷史階段。譬如說修築一條鐵路，可以立時發揮交通便捷、貨暢其流的作用，多年以後自會影響到這個地區居民的思想觀念；但短期內要說立刻改變人們的思想看法和生活習慣，卻辦不到。這種情形下，就會短期內產生下層建構與上層意識型態分裂的現象。目前所謂的第三世界的發展中國家，無不遭遇到此一問題，馬克思和李維史陀的理論都不能拿來解決燃眉之急。

　　台灣因為近二十年來經濟的快速成長，也遭遇到下層建構與上層意識型態分裂的現象，社會問題難免層出不窮，使人覺得生活優裕非但沒有帶來多少好處，反倒釀成許多原來未見而無有的災禍。

　　最明顯的裂痕，是經濟收入的日漸平等，而意識觀念中卻仍存留著濃厚的上下之分、長幼之別的階級意識。舉個簡單的例來說，在工商業不發達的社會中，工廠主和工人之間以及主人和傭人之間的收入相差懸絕，致使二者生活在兩個完全不同的世界

中，那麼主僕之間施用主尊僕卑的忠義教條就沒有問題。現在主僕之間的收入逐漸拉平，二者生活的圈子彼此參通，難以完全隔絕，教育水平也不像以前似的大相懸絕，便無法再施用主尊僕卑的忠義教條了。倒並不是今日的僕人都變得刁鑽，不守忠義的古訓，而是下層結構已不再為忠義古訓的有力承托。如果此時，在政治上及教育上仍然殘留著不同於經濟發展的架構，那麼二者之間的衝突便會落實成為人與人之間的衝突，以致造成種種原來所無的社會問題。

　　上文說過，在較長的時間中，意識型態和下層建構，不管是何方決定何方，勢必會逐漸契合，無奈人們沒有這種耐心去等待；事實上也沒有聽天由命一味等待的必要，否則人就不算是具有能動性的動物了。

　　那麼擺在面前的就是如何彌縫這種裂痕，加速二者的契合。目前的趨勢，顯然無法使經濟的發展遷就意識型態，而是如何能自動地、理性地修正上層架構以適應下層。政治和教育的架構便應在考慮之列。如果沒有與下層建構相適應的政治結構與教育內容，不獨阻限了未來經濟更進一步的發展，而且會日漸釀成更多的社會問題。

一九八五年六月十五日於英倫

權力多元化與價值多元化

　　三月二十五日中國時報第二版有楊國樞先生的一篇專論，題為「邁向民有民治民享的真正多元社會」。楊先生的理想大概也就是今日大多數中國知識分子的共同理想。在欽佩楊先生的精心分析之餘，私意以為楊先生的議論不免有太過樂觀的傾向。

　　首先，楊先生雖然確立了社會多元化打分的標準最高為一〇〇分，最低為〇分，卻未說明一〇〇分指的是什麼，〇分又指的是什麼。如果一〇〇分指的是理想化的多元社會的極致，那麼現代最多元化的社會也不曾達到這種極致，楊先生對台灣社會所打的分數無寧都過高了。如果一〇〇分指的是目前西方多元化的社會，譬如說國內學者常視之為標準的「美國」，那麼其中有些項目由於台灣近二十年來有目共睹的進步可能相當公平，但也有些項目仍然偏高了。最顯而易見的是「權力分配多元化」的六十分和「價值分配多元化」的七十分，不知是根據何種「實徵研究資料」與「個人直接觀察」打出來的？如果楊先生肯公佈一下他的原始資料，也許可使讀者更為心服而放心。

　　我自己也有不少「個人直接觀察」的機會。我發現在很多集會中，包括以「感情」為主導的同學會及以「學術」為主導的學會在內，顯示的多半是「權力掛帥」與「金錢掛帥」的傾向。譬如說在大型的同學會中，高踞在主席台上或上台致詞的，除了

過去的師長外，都是現任的「長」字號，也就是說有「權力」在握的人，其次是發了財的資本家。至於科學家、文學家、藝術家、音樂家，如非同時也兼有××「長」的頭銜，只能在台下為「長」字號的人物鼓掌。奇怪的是既是同學老友，本該以溝通感情為主，為什麼開起會來竟採用這種有上下之分的形式？可見內心中的「權力」和「價值」觀念時時在支配著人們的外在行為。

　　習於這種價值觀念的人，一定不會覺得有什麼特別，老同學既然已經當了立法委員、做了部會首長、縣市長、校長、院長或是董事長什麼的，自當在同學會中起領導作用，也自當有向其他沒當上「長」的老朋友訓話的資格。可是人們忽略了這種習俗的背後所隱藏的正是「政治掛帥」和「權力掛帥」的單元價值觀念。如果一個社會的客觀法律制度不夠健全，在位的官吏和民意代表有力量影響司法的客觀性，就難以突破崇尚「權力」的價值觀念。試看各級學校，本該是以行政輔助學術的，但是實行起來卻有以行政領導學術的傾向。一般教授或教員，在聘任上都沒有法律保障，何能參與學校的權力結構？因此校長、院長、系主任或校長、主任、教員間的等級分明，就如同軍隊中的團、營、連、排之間的分等一般。這種權力結構的形成，並不是當事人的自抬身價，而是來自長久的傳統和眾人的「共識」。在這樣的薰陶下培養出來的學生，容易超脫「權力單元」與「價值單元」的藩籬嗎？知識分子尚且如此，誰又能過分要求社會上的一般人具有「多元價值」觀念呢？

　　自然，由於近三十年來的經濟快速發展，不能說在社會的權力架構和人們的思想觀念中沒有產生影響。如與兩百年前吳敬梓

寫《儒林外史》時的「權位至上」的社會價值觀相比，多少有些差異。譬如說現在演藝界的影星和歌星，就很值得人們的豔羨。體育明星的大名，也會家喻戶曉。但是這些人的社會地位，如不經過權力結構的肯定（如體育明星當選立法委員），仍是飄浮不定的。我就親耳聽到一位資深的立法委員因向一名影星敬酒被拒而憤憤然地罵道：「有什麼了不起？演戲的！」言外之意就是戲不管演得多麼好，還是沒有社會地位的！由此可看出當代我國人的價值觀跟把戲子來封爵的英國人，或當不成小說家才去競選總統的法國人，以及當不上大明星才搞政治的美國人的價值觀念比起來，是非常不同的。

如果這些「個人的直接觀察」對楊先生的研究也多少有一點參考的價值，不知楊先生是否覺得為「權力分配多元化」打六十分和「價值分配多元化」打七十分未免有些過分樂觀了？面對真相，對一個社會的進步也許更有益處。

一九八四年四月十六日台北

容忍的限度

近代對野生動物的研究增長了不少對人類自身的認識，野生動物多半都有強烈的空間意識，即是把相當的居身空間視為私有的地盤，不容忍其他同類的侵佔。

在人類的發展過程中，這種不容忍同類侵佔的行為，不只限於具體的勢力範圍，也引申到非具體的勢力範圍，譬如說對異於己的服飾、言談與行為的不能容忍。在猿人時代，你要無意中侵越了他人的地盤，很可能被人一石頭砸死；在文明時代，你無意中寫了一句「清風不識字，何必亂翻書」，也可能招致殺身之禍。

但以上所說應該都是二十世紀以前的歷史，二十世紀的人類則是個對自身的發展比較了解的時代，因此對人也就有較大的容忍。但這種容忍的態度在人類的社會中並非均衡發展的，在今日的很多地區中仍保留了「野生動物」的遺存，不能容忍異己。這種現象在極權的社會中表現得特別明顯，譬如說所謂的「社會主義」社會視所有資本主義社會中的事物為毒物，不能容忍！中南美洲軍人當權的極右社團，又視所有「社會主義」的產物為毒物，不能容忍！最奇怪的現象則是有些既不左又不右的事物，也會成為雙方排拒的對象。舉個簡單的例子，英國偵探小說家克莉斯蒂（Agatha Christie）的作品，在社會主義國家中認為是含有強

烈的資本主義毒素而嚴禁出版，卻不想在一九七三年竟為智利的軍人政府以宣傳共產主義為名而加以銷毀！你說到底是誰對呢？

這種極端的例子其實並不極端，因為人本來就是行為荒謬的動物。再加上人們對事物的反應都來得太快，既不深思熟慮，又缺乏應有的知識，但偏偏又要立下判斷、馬上行動，那做出來的事能不荒謬嗎？

這種不容異己的動物性的極端發展，最後免不了累及自身。社會主義國家自累的現象已經相當顯著：經濟上停滯不前，軍備上瘋狂擴張，創造力也大為減退。俄國革命前雖有沙皇的高壓政策，但也出了不少拔萃的音樂家和文學家，像柴可夫斯基、屠格涅夫、杜斯托也夫斯基、托爾斯泰、契訶夫、高爾基等都是第一流的巨匠。現代呢？除了流亡美國已去世的史托汶斯基以外，沒聽說有什麼特出的音樂家。文學界雖然巴斯特納克和索忍尼辛都獲過諾貝爾文學獎，但其獲獎的原因政治因素遠大於藝術因素。巴斯特納克的《齊瓦哥醫生》，無論從那一方面來說都不曾超越托爾斯泰的《戰爭與和平》的水準，在文學上也不曾開出新途徑。索忍尼辛似乎更是憑道德勇氣而得獎。論到藝術成分恐怕不會比我們當下新生代的小說家對文學有更大的貢獻。俄國已到了這步田地，其他的極權國家更無足論矣！

就此一見證而論，容忍他人，正足以成全自己，發展自己。人類的社會，其實就是從不容忍到容忍、從小容忍到大容忍，從有限的容忍到無限的容忍的一條奪爭不歇的進程。

一九八三年三月廿六日於英倫

女性的權力

　　在這一次行政院改組後的新閣員中，像上一屆的一樣，沒有一位女性閣員！這表示了我們的女性沒有一位達到入閣的資格？還是由於我們的社會上大男人主義的作祟，不給女性掌權參政的機會？

　　不容否認的事實是，這個世界仍是屬於男人的，女人扮演的不過是點綴與附屬的角色。我們尚不知道遠古時代所謂的「母系」社會是一種什麼樣的情況，女性是否扮演過像男性今日所扮演的角色？人類學家描寫的今日的所謂的母系社會，不過是已舅甥的關係來代替父子的關係，權力仍然掌握在男性的手裡。可見史料所及的範圍內，男性一向就是統治者。

　　可是現代的女性不悅了，紛紛的起來要搶奪男性的權力，女權運動在世界上的每個角落都蜂擁而起。從女性的立場來說，世界上種種棘手的問題都是男性製造的，換了女性的話，這個世界不會像今日這樣糟！從男性的立場來說，男人雖然製造了不少棘手的問題出來，可也解決了不少棘手的問題。男人雖說是製造危機的能手，可也帶來了進步，包括女性的覺醒在內。甚至連女權運動，也常常有男性的參與和領導，可見男性並不算是個猖狂跋扈不可救藥的性別。可能因此之故，女性對男性仍然相當包涵，沒有興起暴力革命的念頭。

但平心而論，過去女性沒有參政的權利，主要的是沒有接受良好教育的機會。今日女性既然與男性有接受同等教育的機會，便沒有理由再剝奪其從政的權利。像英國的佘契爾夫人和印度的甘地夫人，因為受過良好的教育，又經過行政上的能力考驗，不但從政，而且成為政府的領導人。她們表現的成績，並不亞於男性。可見認為女性只配摸鍋頭，的確是男性的成見和偏見。

在我們目前的社會中，有些大學中的科系已經成為女性的天下，將來要想像過去一樣地要女性在政治上長久雌伏，恐怕不是一件容易的事，與其將來引起不必要的奪權爭端，不如早做安排。在中層的主管上多安排些有能力有雄心（也許應該說有雌心）的女性來領導，以培養其行政的經驗、考驗其行政的能力，以作未來出任高階層職位的準備。

平心而論，男女性別既然各佔了人口的半數，在領導階層也應該平分秋色才對。但是由於女性承擔了生育的大任，好心的男性不忍見其操勞負重，因此一力承擔艱鉅，在道理上也非說不過去。無奈今日人口過剩，國家的政策一直鼓勵女性少生育或不生育。在這樣的情況下，這個藉口就難以立足了。所以領導階級把四分之一的席位讓給女性，似乎並非是不合理性的原則。

然而，如果大多數的女性都認為：「我們寧願退居幕後，掌握實權，暗中指揮！男人嘛，不但是甜點，而且是傀儡！」那自然又另當別論了。

一九八四年六月三日於台北

人性與理性

　　五月十七日在本專欄的〈兩個判例〉一文中，筆者剛說明台中一位駕駛人撞傷行人後不但不停車急救，反而繼續飛馳，以致夾在車頭的受害人摔落致死，結果被判死刑，是罪有應得。六月一日報上就有另一個更加狠惡的司機的消息；仍然是發生在台中市的。據報載，這位司機撞倒機車騎士後，發現對方只是受傷，竟故意倒車將傷者輾斃。可怕的是，據目擊者作證說，司機撞傷機車騎士後，曾下車察看，受傷者呼喊「媽！我痛！」司機立刻上車故意倒車將其輾死，然後還恐嚇那位目擊的女士不可聲張，否則叫流氓要她的性命。這簡直是謀殺！惡性重大的謀殺！不可原宥的謀殺！

　　試想普通的謀殺案件，總有所謂的某些動機，或是情殺，或是仇殺，或是謀財，或有其他的原因，像這種無緣無故的置人於死地，驟然間似乎使我們覺得除非是天生的冷血殺手，誰能做得出來？

　　法國小說家卡繆在《異鄉人》中描寫了一個無緣無故在烈日下殺人的個案。粗看似乎是北非的烈日使人失去了理性，但在卡繆的筆下卻寫出了現代人失去了宗教的信仰和傳統的道德感之後的行為的迷失。但是這位殺人者卻並不為自己辯護，勇敢地面對自己的死刑，為自己的行為負起完全的責任來。卡繆筆下的個案，遂成為存在主義者的具體寫照：自由抉擇與完全負責！

　　現在輾斃傷者的司機，在行兇後卻威脅目擊者不可聲張，顯然是不肯為自己的行為負責。等於是自己欺騙自己說：「我做了的全算沒有做。」在這種思想的背後實在有一個企願：「最好我沒有做過這件事！」再進一步即是：「如果我沒有做過這件事有多好！」然而事實上卻是明明做過了，做過的事即成為不可更改的歷史！

　　我們設身處地想一想，這位司機在行為的當時有沒有選擇的餘地呢？絕對有！而且選擇的餘地非常多。第一，他在下車查看發現傷者未死時，立刻將傷者載送醫院，這樣他負的刑責最輕，對自己的良心所負的愧疚也最輕；第二，他棄傷者而去，但可用公用電話通知警方救護，這樣他雖企圖逃避自己的刑責，但多少為傷者盡了一點力；第三，肇事後逃逸，把傷者丟給後來的好心路人去救護，也就是完全把自己行為的後果卸脫給他人；第四，為了掩弭罪證，置傷者於死地，等於把自己的行為從過失殺人轉化為「蓄意殺人」。在這各種不同的選擇中，為什麼肇事者偏偏選中了害人而不利己的這最不理性、也最不為任何道德所容忍的行為呢？他瘋了嗎？偏乎不是。他天生的是一個冷血殺手嗎？我們不敢做這種斷言。那麼是什麼力量決定他的行為之時綁縛了他心智的手腳，使他既不能發揮他的惻隱之心，也不能發揮他理性的判斷，而竟如此惡毒地剝奪了他抉擇的自由呢？

　　在這樣的個例上，就不能不使我們反省到我們根本的教育問題上來。我們是否給過我們的兒童思考問題的習慣？我們是否告訴過我們的兒童他們有抉擇行為的自由？我們是否讓我們的兒童養成對自己的行為負責的態度。

　　二千年前，孟老夫子說過「人性本善」、說過「四端皆備於

我」的話，我們輕易地相信了，一代一代地傳習下來，就像西方人相信上帝創造世人一樣的自然，一樣的具有不可動搖的信心。可是到了二十世紀工業化了的時代，人的理性意外地擴大發達起來，一切古代的玄說，都不能不經過一次重新的過濾。西方人繼達爾文之後，越來越多的人不再相信上帝造人的玄說，甚至於對上帝的存在也質疑起來。東方人在考古人類學家發現了山頂洞人、北京人的遺址以後，也不能不對「人性」的含意加以重新的考慮與提問。如果人的原性本善的話，人類的發展史則應該是退化的而不是進化的了。如果「善」的含意指的是在群聚中利他的友好態度。則應該是理性的進化的結果，而不可能是茹毛飲血的猿人本性中所存有的。

司機的輾斃傷者，似乎他並不具有不忍見孺子入井的惻隱之心，但我們自然也不能以此來證明人性本惡。唯一可以證明的是他並不具有理性。如果他具有一分理性的話。他自然可以衡量得失，在他擁有的抉擇的自由中，選擇對人對己皆有利的道路，就不會產生這般可怕的後果了。

肇事的司機之所以不能運用理性，大概他不曾有過質疑與思考的習慣。這一點我們的「教育」至少應該負起一點責任來。在我們的教育方式上，我們除了灌輸既有的成見與教條外，我們是否也鼓勵兒童們質疑提問獨立思考呢？我們是否也有卡繆這樣的作家把自由與責任的問題呈現出一個具體的榜樣來，使讀者可以回思熟慮引以為戒呢？

一九八四年六月三日於台北

附錄
謠言是惡司機的幫兇

謝台寧

頃閱六月十九日人間副刊專欄馬森先生大作〈人性與理性〉，衷心欽佩之餘，也不禁惋惜馬森先生因誤設前提，將「司機惡意輾斃機車騎士」乙案演繹歸納為「不具理性的司機大概不曾有過質疑與思考的習慣」。馬森先生恂恂君子，無從忖度卑懦小人，在遍思不解其動機之下，竟認定惡司機是「無緣無故的置人於死地」。其實只要不是瘋子，殺人者一定是有動機的。

在職業司機尤其是卡車駕駛之間，流行著「再補一下」的說法，也就是說：「與其撞傷，不如撞死。」撞傷人後，傷者可能殘廢，可能長年纏綿病榻，在這醫藥費用昂貴無比的時代，肇事者所須償付的金錢必然龐大到難以預估。車禍發生後，沒有人可以判斷傷者將會住院數日？數月？經年癱瘓病床？甚或不幸的成了植物人？相反的，撞死後可能的發展卻是賠償一、二十萬——一般司機並不富有，所能負擔的賠償只限此數，另加兩、三年或短僅數月的「業務過失殺人」徒刑。反正「重傷害」一樣要坐牢，相形之下，一些狠辣而泯滅人性的司機便寧願殺人之後承擔已知有限的賠償，而不欲面對可能導致長期糾紛的巨額醫療賠償。惡司機倒車輾斃傷者，正是意圖減少金錢損失求得一次了斷。

表面看來，這種動機愚不可及，因為凶手不但要面臨良心的譴責，殺人罪的刑罰也遠重於傷人罪。但流傳在低知識司機間的

少數特例經驗和以訛傳訛的謠言，卻使得他們加強了這種可怕的動機，造就出冷血殺手。所謂特例指的是車禍傷者長期就醫的治療費用糾紛，以訛傳訛則以為可以賄賂警察或力邀民代關說，使得肇事現場圖繪有利自己。「死無對證」而非「兩造各執一詞」的次一步驟，就是買通司法黃牛了；雙管齊下後，判刑諒不至於重過與傷者對簿公堂的結果。更奇怪的想法是引進黑道的強者姿態，以及哭訴：「上有高堂老母，下有弱妻幼子」的低姿態，其目的仍是求得「低價了斷」或是法曹從寬發落。

　　這種觀念，筆者幾度親耳聆自數位卡車司機，朋友中也有人聽過類似說法，有些「以訛傳訛」部分，竟然言之鑿鑿，活靈活現得驚人。今暫且不論傳言確否、觀念是非，但看司機倒車輾斃傷者一再發生，便知這種觀念的可怕影響力了。

　　從這個角度加以探討的話，馬森先生要求「反省根本的教育問題」仍然是首要重點，但是「強調質疑與思考能力」或「慨嘆不見偉大作家啟迪思想」恐怕便難以奏效了。各個階段、各種型態的教育固然應該為這種慘劇負起一些責任，然而政府形象和社會風氣難道不應負起更大的責任嗎？警察受賄和司法黃牛橫行可能只是少數害群之馬所為，可是把這當成普遍存在現象的國民卻大有人在！

　　拜金主義流風所及，原也不只肇致「惡司機蓄意殺人」一端；黑道猖獗已到了鬧市槍殺警察和介入中央級民代選舉都在所不顧了，比較之下，「參與」車禍談判倒成了小事一樁，獲利也不能相提並論。最可嘆的是見義勇為、挺身作證的路人，似乎也

日漸稀少了，道德式微可能是主因，秘密證人曝光和法庭待證人如嫌犯，難道就沒有推波助瀾之過嗎？

或許有人認為筆者引申過度，但當部分惡司機知道倒車輾斃傷者必會受到最嚴屬的法律和社會制裁，絕無寬貸後，敢輕身一試的恐怕就不多。

筆者素敬馬森先生文章，無意在此啟釁論戰〈人性與理性〉，也無意在此短文中針砭政治文教，區區之意不過要把惡司機之所以為惡的原因──即使是無知愚昧的「謠言」──透露出來，同時希望台中地方法院「司機惡意致車禍傷者以死」的死刑判例多發表幾起，俾遏阻歪風。本文若能使慣於惡司機殺人的路人多挺身作證，也就無愧於佔據《人間》篇幅了。

原載一九八四年七月五日《人間副刊》

有所不為的自由

在〈人性與理性〉專欄發表以後，有好幾位朋友告訴我，台灣駕駛人間流行著一種「與其撞傷，不如撞死」的傳言。承謝台寧先生於七月五日發表〈謠言是惡司機的幫兇〉一文，指出同樣的問題，非常感謝。一者感謝謝先生指出我的疏忽之處，但更感謝的是把這一種影響人們行為的可怕的傳言訴諸輿論的考驗。如果真有這樣的謠言或傳言，我們應該追問為什麼？如果只是沒有任何根由的無中生有，我們便希望所有的駕駛人不要聽信這樣的謠言，以免造成法律上和道德上雙重的重大過失。

據我所知，類似的情形，也曾發生在墨西哥。多年前在墨西哥的駕駛人中間就有過一種口耳相傳的流言，說是如果駕車撞傷了人，上策是溜之大吉，千萬不可自己把傷者送醫，否則不但會有牢獄之災，而且會被窮苦的傷者家人纏上，終生不得脫身。這有兩個原因：一是按照墨西哥的法律，撞傷或撞死人的刑責很重，故犯者難免牢獄之災。二是墨西哥的駕駛人沒有法定購買肇事賠償保險，所以多的是無保險的駕駛人。墨西哥的窮人又多，被撞傷了反倒等於找到了一個飯碗，就正如黃春明在〈蘋果的滋味〉中所描寫的車禍一般。因此若由駕駛人自己理賠，如非富有，否則非傾家蕩產不可。這就是造成了墨西哥的駕駛人闖了禍之後溜之大吉的不道德不高尚的行為的社會背景。不過墨西哥畢

竟是一個天主教的國家，倒還沒聽說惡劣到以殺人做為脫卸責任的手段的。

美國的駕駛人在美國都很道德，但一過了墨西哥的邊境，態度就變了。出了事，便不再保持國內的君子風度，能溜的也溜，為的是怕墨西哥獄政的黑暗和貪求無厭的官吏，自然也怕糾纏不清的窮人。

由此可見人類的行為除了自主的部分外，也受著社會環境和法律制度的左右。也許對大部分人而言，後者更為重要。北美有法定的肇事賠償保險，平常遇到小型車禍，只要人未受傷，大家都會臉不紅，氣不喘，笑容滿面地下車來互換姓名、電話與地址，然後客客氣氣地上車而去。看來真是一派君子風度，原來出錢修車的是保險公司，又何苦為別人的金錢來損傷自己的和氣？至於撞傷或撞死了人，如非駕駛人違犯了交通規則，也並無刑責，金錢的賠償是有的，不過那也是保險公司的事，自己並沒有什麼損失。這就說明了社會環境與法律制度把施行君子行為的客觀環境已經預為設置。當然在這種環境中，人還是可以做惡的，不過那是屬於個人修為與操守的問題，與外在的環境無關了。

目前台灣的社會已經到了工商業相當發達的階段，基本上已沒有無力承保的墨西哥一類的窮人，如果依然容許沒有投保意外肇事賠償險的駕駛人飛馳在高速公路上，甚或有過撞死人比撞傷人刑責較輕或相同的判例，那就不止是謠言幫兇了，嚴格地說立法機關也是幫兇，因為這樣的社會環境和法律規章，等於鼓勵犯罪！

然而，說到最後，人仍有其自主的自由。有許多事，自己立意不做，就可以不做。這種有所不為的自由，是可以不受社會環

境所左右的。這就是為什麼在良好的社會環境和合理的法制下，仍有人犯罪；相反的在不良的社會環境和不合理的法制下，仍有人不犯罪的原因。人所以擁有「有所不為的自由」恐怕並非是天生的，而是後天的教育和思考的結果。但是我們無法希冀社會上的大多數人都擁有這種自由。所以社會環境和教育二者應該互為表裡。

孔子曾曰：「君子固窮，小人窮斯濫矣！」引伸言之，就是說君子不管在什麼狀況下都可以保持操守，而小人則常受環境的左右。我們先不管孔子所謂的「君子」，指的是貴族，抑或是有修養的人，至少在孔子眼中，人是有差別的。古代把這種差別看成是天生的賢與不肖的分別，而今天我們則多半認為是由於後天的教育所使然。良好的社會環境可以把小人之濫減少到最低限度，良好的教育卻可以把小人變成有所不為的君子。所以二者都是重要的！

一九八四年七月六日於台北

東風壓倒西風

　　跨國公司一直成為馬克思主義者的經濟學家指責的對象，認為是一種變相的帝國主義侵略，一種新形式的殖民主義的剝削。其實今日的跨國公司並不是建立在以武力作後盾的基礎上，而是一種契約式的行為。如果其中含有非分的侵略性和不合理的剝削，那並不是跨國公司這種制度的問題，而是主持簽訂契約者的問題及契約內容的問題。

　　舉例言之，有些中南美洲的國家，容忍了美國的跨國公司進行了超乎比例的盈利，造成這種現象的背景非常複雜，並不是一個單純的經濟問題。首先中南美洲有些國家的政權，直接間接地操縱在美國大資本家的手裡，這些國家的當政者為了保持自己的權位，不得不對美國的大資本家讓步。第二、在這些國家中握有實力的資產階級，都多多少少地帶有買辦階級的色彩，他們的利益與跨國公司的老闆的利益大概是一致的，而跨國公司也願意與地主國的買辦資產階級共享某些利益。第三、中南美的地主國，在知識技術以及資金上，仰賴美國的比率過大，以致減低了自己討價還價的能力。第四、中南美洲處於熱帶的居民，生性懶怠，如果再加上知識不足，便很不容易在短時期中掌握管理經營的技術，在跨國公司中佔據重要的職位。由於以上這種種的原因，美國的跨國公司在中南美的這些國家中，便顯現出非分剝削的情形。

　　對於一個有主權的國家，如果以上種種政治與社會的背景不同於中南美洲，或雖然有類似之處，但程度不同，外國的跨國公司自然也會產生不同的結果。這就是為什麼美國的跨國公司在歐洲和亞洲的國家中，都沒有形成類似於在中南美洲國家中的情形。

　　一個有主權的國家，除了運用經濟的手段外，還可以運用政治的手段以自保，因此只要訂得出雙方均有利的契約，便不獨不怕跨國公司，而且正可以利用跨國公司以發展本土的經濟。亞洲的四小龍，就是這樣發展起來的。

　　其實，在二次大戰後，先於四小龍的日本，也是依賴外國的資金和技術發展起來的。今日一轉身，日本成了輸出跨國公司的國家。日本的公司不但設在工資低廉的東南亞，這幾年也向歐美進軍。在歐美已經有不少日本資金和日本技術的工廠。最近泰晤士報載，今年日本計畫在歐洲設四百個工廠，英國由於資金短缺及失業率高漲，盡力爭取日本到英國設廠。今日的跨國公司早已不是單向發展的，而是雙向的，甚至可以說東風逐漸壓倒西風。

　　台灣的資金有過剩現象（如政府在外存款的增加及私人資金的外流），只要好自為之，將來有一天也會向歐美輸出跨國公司，因為台灣土地有限，難以擴大工廠的規模。那時候馬克思主義者的經濟學家就不得不對跨國公司重新評價了。

一九八五年二月二十日於英倫

勞資之間

　　環亞飯店的出納小姐「拒絕上班」抗議薪水遭受無故削減的行為，充分說明了工會的重要性。如果這些出納小姐組有工會的話，環亞的老闆絕不敢輕易地刪減她們的薪水。就是發生了爭執，也得靜候工會的調處，或法律的解決，而不能以「炒魷魚」相威脅！

　　資本主義的社會，當然給予有才能的人士有在經濟上充分發揮的可能和自由，但是這種才能的充分發揮並不是毫無限制的。第一個限制，就是在累積資本的過程中，所用的手段必須是合法的。第二個限制，就是在資本累積達到資本家的水準之後，必須有制衡的力量。以目前的歷史經驗而論，這種制衡的力量絕不應來自政府，而應來自工會。在有些畸形發展的資本主義社會中，像中南美洲的某些國家，正因為欠缺強有力的工會來制衡資本家，才會形成一個腐化的資產階級。也就是說政府與資本家沆瀣一氣來共同剝削工人階級。在比較正常的資本主義社會中，無不有代表工人利益的強有力的工會組織來制衡資本家任何超越權限的剝削行為。這樣才會取得經濟發展的平衡，才不會使資產階級步上腐化墮落的道路，結果對勞資雙方都有莫大的利益。

　　歷史的經驗證明，工會強大的國家，像英、法、美、加等，都沒有走上社會主義的道路。反倒是工會組織不健全的國家，既

有資產階級的腐化在前，只要稍稍有一些反抗的力量，就足以顛覆了整個社會的安寧，而極權主義分子就以維護工人利益的面貌乘機而起了。

　　一個正常的資本主義社會，絕不能只維護資本家單方面的利益，工人方面的利益也要同時維護才行。但如沒有強有力的工會，誰來維護工人的利益呢？政府嗎？資本家嗎？當然都不行！只有工人自己組成的團體才有充分的熱情來保護自己的利益！

　　工會沒有什麼可怕，只要是公開而合法的組織，自然就會受著理性的維繫。在人類的歷史上沒有工會顛覆了政府的例子。美國的工會相當擁護美國的現有制度，比知識分子更厭惡社會主義。英國的工會強大到組成了一個勢力龐大的工黨，一再當政，卻也不曾改變了英國的資本主義與民主制度，連英國皇室也未動分毫。

　　　　　　　　　　　　　一九八五年二月二十三日於英倫

勞基法的困擾

　　創立新法和修正舊法都代表了社會的變遷和進步。愈是轉變快速的社會，愈需要不時地修正舊法，創立新法。勞基法正是在這種時代需求下創立的。在創立勞基法的時候，立法者必定早已考慮到勞資雙方的利益。在目前資方代表多於勞方代表的情形下，按理不可能立出損傷資方過甚的法律。但是一種新法在創立以後，一定有一個適應的階段，這個階段非常重要，由眾多的個案可以考驗這個法的公正性和威嚴性。如果對一種新法執行得不徹底，或者解釋得偏頗，都會損傷這種新法的信用。所以執行新法的時候，絕對應按照條文字義解釋，如因此產生偏頗現象，寧願以後修正，不可在執行時遷就具體情況任意曲解！

　　然而報載勞基法的適用範圍，已出現縮水徵兆。希望這只是傳言，否則我們的社會又在進三步退兩步了！

　　不久前發生的某些公司的個別事件，也就是考驗勞基法效力的一些很好的個案。據報載有家公司的負責人在違法受罰下，不但不承認自己的錯誤，卻抱怨勞基法的不合理，該負責人的發言卻是一派情緒，缺乏理性的分析。如果真正認為勞基法有不合情理之處，應該指出具體的條文，說明理由，只一味說勞基法限制了老闆的權力，卻是最沒有道理的說詞，因為創立勞基法的目的正在限制資方過大的權力。特別是說到引起爭端的女工時，竟有

這樣的話出現：「在法庭上我和那個小妹站在一起，使我覺得屈辱！」（見六月六日時報第三版）可見做大老闆的平素是多麼氣焰高張，不把人權放在眼裡！

「人生而平等」這句老生常談，難道今日還要再來重述嗎？在公司裡可以有職務上的區別，在法庭中難道還有老闆和工人之分嗎？為什麼老闆在法庭中和工人站在一起就該覺得屈辱呢？說出這種話的人不但表明了個人觀念的偏頗，而且也可以看出他們心目中並不多麼尊重法律和人權。我們雖然不能根據這樣的發言直指其理虧，至少可以說這樣情緒式的談話除了引起社會輿論的反感外，並無能理清任何曲直。

實在說，一種新法的建立，目的正是利用法律的力量來淘汰劣質事物。違反勞基法的資方或勞方，自該尊法裁處之，淘汰之。劣質的去了，優質的才會冒升。法律正是幫助和矯正自然發展之不平及不足！

一九八五年六月二十二日於英倫

現代社會中的慈善事業

　　現代所有受西方資本主義影響的社會有三個重要的特點：一是自由經濟、二是獨立司法、三是民主政治。這三點都使現代的社會成為一個在自由之中有組織、有紀律的整合體。

　　那麼在這樣的一個社會結構中，還需不需要慈善事業呢？在理論上是不需要，但在實際上並不完全排除慈善事業的存在。

　　為什麼說在理論上不需要呢？因為自由經濟的原則正在於企業的自由競爭，以達成優勝劣敗，適者生存的目的。競爭自然有一定的規則，只要規則合理，在競爭中的失敗者，在理論上說就是弱劣之輩，應該被淘汰的。如果再額外地加以救濟，豈不等於幫助懶人、提倡劣品？以此原則運行的社會自然相當冷酷。為了補救這一種缺失，近代的資本主義社會已經納入了社會主義部分的理想與手段，以便中和自由經濟所帶來的嚴酷的現實。所以失業的有失業保險、退休的有養老金、生病的有醫療保險、低收入的不但可以不交所得稅，反可獲得額外津貼。這許多措施都使過去本由個人擔負的重擔由社會整體擔負了起來。原則上個人的生存問題都可以由社會來解決了。

　　那麼實際上為什麼並不完全排除慈善事業呢？那就是因為人總需要有表現同情心和助人為樂的機會。在這種情形之下，常常可以看到為某一種特殊的事故或災禍發起募捐。但這種事情必須

要經過一種合理的公眾認可的管道才行，而不是任何人都可以出面辦理的。經常的管道是已有辦理慈善事業基礎的教會組織、政府的社會服務機關、公家或私人的養育救濟機關等。

很不幸的是在當前的社會中，慈善事業不是被人利用為斂財的手段，就是被政客利用為進身的階梯。還有的人藉此而見報，以擴大個人的知名度，就好像香港的仕紳以捐獻的手段來買取英國女皇的一頂「太平紳士」的頭銜一般。

最近更有人看中了善人可欺，專門利用人們的同情心而行欺詐。譬如偽冒孤兒，假充病患，以便伸一伸手，張一張口，就立刻獲得不勞而獲的利益。這樣的慈善事業則等於在鼓勵罪惡。

在現代社會中，真正善心的人要小心了，你的善心可能帶來的是惡果！那麼如果你真正具有善心，而又想表現一下你的好意，在行動以前最好先做一番調查。你絕不能只憑電視的廣告或報紙的鼓吹，或是朋友的一通電話，就胡里胡塗地參加那以行善為名而以欺詐為實的行列，你最好透過合理的公眾認可的管道來實現你的善心。

一九八四年五月十三日於台北

專業教育的社會功能

　　我們知道歐洲國家跟美國教育制度的最大差異之一即在專業教育。在歐洲專業教育屬於大學以外（如法國）或大學以內（如英國）的專門學校，在美國專業教育多半則歸屬於大學中的一般科系。

　　專業教育乃訓練各行各業的專業人才，與偏重人文通才與科學理論的大學教育很為不同。專業教育通常都捨棄一般性的通識課程，一開始即把精力和時間專注於專業訓練上。在歐洲有些國家，如法國，專業學校有嚴格的入學考試，大學則無，只要高中會考及格，即有資格入大學。因此優秀的高中畢業生多以專業學校做為爭取的對象，在專業學校落榜的或真對人文或科學理論有興趣的學生才入大學。專業學校或有學位，或無學位，但其畢業證書即是一張飯碗和社會地位的保證書。持有某某專業學校的畢業證書，有關的企業就自會另眼相看，就如在美國擁有名大學高級學位的頭銜一般。

　　專業學校的證書之所以受到社會的重視，除了嚴格的專業訓練外，還因為專業學校多實行精選淘汰制。通過嚴格的入學考試以後，並不能保證就可以畢業。經過學習態度和學習成績的考驗，每年都會汰除一部分不合格的學生。畢業考試的一關又可能擋掉一部分，真正能夠畢業的已經不足入學名額的半數。這樣的

畢業生，到了社會上的有關企業中幾乎個個是專精的能手，既省去了有關機關的自行考核，也促進了各業發展的速度和質量。

我國的學制似乎是介於歐美之間，有些專業既由大學來承擔，同時也有獨立的專業院校。像工專、農專、商專、體專、醫學院、藝術學院、藝專等都獨立於各大學之外。與歐洲不同的是一般高中畢業生多以大學為優先選擇的目標，專業學校反倒放到後頭，這大概受美國地方性學院次於大學的影響。

我國的大學中的專門科系以及專業學校，名義上雖然也是為各行各業培養專門人才，但實質上在這方面的社會功能並不太彰著。其原因有三：一是受了歐美大學高級學位的吸引，優秀的大專學生多把進一步的進修目標放在歐美大學，使國內的大專教育無形中流為歐美大學中研究所的預備科。二是國內大專不重視淘汰制，所有入學的學生幾乎都可以畢業，使社會上的有關企業對國內大專學校的畢業證書沒有十足的信心。三是由於國內社會正處於從以家族為主體的農業社會到以個人為主體的工業社會的轉型期，用人常以關係為準，不一定重視能力。這三種原因又互為因果，形成一種惡性循環，就造成了專業教育社會功能不彰的結果了。

如要想打破這種惡性循環，最容易的方法是從第二個原因著手，就是建立專業教育的淘汰制。

以歐美專業教育與大學教育為例，因為專業教育不開一般性的課程，所有課程均有關專業訓練，不容學生像普通大學生一樣任意蹺課。有的學校以上課十分鐘後關閉校門來嚴控出席的人數。有的學校由秘書處點名的方式控制出席的人數。如曠課到了

一定的時數，即自然退學。然而我們的專業學校，因為一般性的課程（如國文、英文、三民主義、體育、軍訓）太多，幾乎與普通大學無異，自然難以專業訓練的口實要求學生課課出席，所以既成習慣，連帶著連專業課程也一併蹺了，而學校的秘書處或教務處又沒有任何控制學生出席的制度，致使學生學習的態度相當低落。

其次在考核方面，老師與學生中間日久生情，不容易擋掉某些學生，這倒是中外都有的現象。其中不同的一點是在國內常有些任課老師以打高分做為討好學生的手段，致使考核的結果形成優劣不分的現象。這恐怕與國內對教師沒有長久聘約有些關係。有些教師擔心開罪學生，失掉飯碗，在這種心情下自然難以求取公正，更遑論建立專業教育的淘汰制了。

其實專業教育的淘汰制不但對社會的進步是一種有效的手段，對學生本身（不論是通過的還是被當掉的）也是一種莫大的功德。因為高中畢業的學生的志向並不穩定，在進入某種專業以後，可能發生興趣缺然的現象。在這種時候如果有嚴格的淘汰制，可以使性向不合或對此一門專業能力不足的學生，早為回頭轉業，步向自己喜愛的道路。否則就會形成一誤再誤，畢業以後不知如何去從的尷尬局面。那時候再轉業從頭做起，對自己對社會不免形成一種雙重的浪費。就通過的學生而言，嚴格的淘汰制等於肯定了他們學習的態度與成績，加強他們對專業的信心，同時也保證了他們畢業後不再跟能力不足的同學競爭職位的局面。

就社會的有關企業而言，如果經專業做過一次或多次的嚴格挑選，在聘用時即可相信證書。否則在目前的情形下，把檢選的

責任推給有關企業自行處理，他們掌握不到學校教師那種長期觀察、實力考核的資料，便只有靠成見和關係來處理了。這時候劣者可能獲選，優者反被淘汰，等於辜負了專業教育的一番訓練了。

在歐美專業教育或專業學校的聲譽之所以可以建立，之所以獲得社會上有關企業的認可與信心，正由於其嚴格的淘汰制。國內卻把嚴格的淘汰制放在入學考試這一關上，殊不知入學考試如此短暫的時間，機運的比率很大，常會當掉了有潛力的學生，卻招進來不合理想的候選人，如果在入學考試時稍微放寬，然後每年酌量淘汰，遺才的機會就少了。不肯淘汰的寬容，其實正是對某些擋在門外的具有潛力的學生的苛刻與不公。

就社會的整體進步而言，專業教育除了擔負有訓練的責任以外，實在也具有選賢與能的功用。對國民而言，專業教育則負有導向的責任。如果盡到導向的功能，至少使某些人有嘗試的機會，嘗試一種而不成，再做第二種嘗試。與其終生在事業上失敗而抬不起頭來，不如在學習的過程中給予國民以失敗的機會。在失敗中自會滋生成功的可能。

如果突破了專業訓練淘汰制的這一個難關，造成專業教育社會功能不彰的其他兩個原因自然也就會受到一定程度的影響了。

一九八四年七月二十四日於英倫

麥當勞的衝擊

　　在國外吃麥當勞是不得已而為之的，因為讓紅燒、熱炒、清蒸、醋溜寵壞了的口舌，嚼起漢堡餅來，只覺淡而無味，非不得已不輕試也。為什麼還會不得已呢？只因在忙碌的工業社會中，沒有足夠的時間去自己紅燒、熱炒，只好時常上館子。中國飯館做的菜有時也並不地道，卻有髒與亂的兩大缺點，因此就不免不情不願地去嚼漢堡餅了。

　　要吃漢堡餅，就不能不去麥當勞，因為麥當勞有五大特點，才會在眾漢堡餅的製造業者中脫穎而出。哪五大特點呢？一是清潔：店內隨時有人清除洗刷；廚房簡單，一目了然，不便於藏汙納垢。二是快速：可以隨到隨吃。三是方便：吃喝的式樣有限，不必為點菜而躊躇，省時省心；而且帳目清楚，又有收據，不怕跑堂的報花帳。四是平等：對待顧客一視同仁，不分貴賤親疏。五是經濟：比任何飯館都便宜，又不用給小費。因此之故，麥當勞的連鎖店才會由美國而波及加拿大、墨西哥等近鄰，然後征服了歐陸，最近幾年又遠征亞洲。香港幾年前已開了好幾家麥當勞，帶動了香港麥當勞式的中式速食店。現在台北也開出第一家麥當勞來了。

　　我自己前文已說過對漢堡餅無興趣，可是吃漢堡餅長大的第二代卻把漢堡餅看做是「家鄉味」。今見台北也有麥當勞，焉能不去一試？試過的結果，不能不承認與國外的麥當勞沒有什麼

兩樣。其唯一不同的是與國內其他的速食店比較起來，算不得經濟。一個漢堡餅要七十八元，哇！比月入一兩千美元的工業先進國還要貴到將近一倍！兩人吃了四百多元，還不算真飽，遠遠超過了兩客客飯的價錢，可以說相當貴了，在這種價格下，食客仍趨之若鶩，不知是崇洋趨時的心理作祟，還是由於清潔、快速、方便、平等的四大特點使然？

西方國家中的初級學校均教導學生不要經常照顧麥當勞，因其食品雖有清潔、快捷之便，但太過單調，缺乏含有維生素的青菜，吃多了就像常食速食麵一般，對身體會產生不良影響。這就是麥當勞的生意在西方國家發展，仍有其極限的原因；也無法真正與高尚的飯館或菜蔬較多的自助餐館競爭。但在台北市，一開張，就在營業上打破了世界紀錄，恐怕真是由於以上所舉的四大特點（價廉的特點在台北沒有了！）使然。

若果真如此，我國的餐食業就得小心了。在麥當勞之後，清潔而快速的西式自助餐館恐怕不久就要相繼進口，那時候誰再去自找感染B型肝炎呢？中國菜雖然以美味著稱，但如沒有以上的長處，在一個民智大開、工作繁忙、行動快速的工業化社會中，只有美味是不足以吸引人的。但假若在以上的四大特點外，再加上經濟和美味兩大特點，不要說麥當勞的漢堡餅也會發霉，就是永不發霉，也沒有人去嚼那淡而無味的東西！這樣說來，多開幾家麥當勞來衝擊一下在經營及操作方式上故步自封的我國飲食業，未嘗不是一件好事。

一九八四年三月三日於台北

身邊的定時炸彈

　　人類的從事工業發展，不能不帶有玩火的性質。工業為人類創造了財富，改善了生活，是不容否認的事實，但同時也造成了種種的危害。環境的汙染、自然資源的涸竭，皆因工業的發達而起。其他諸如氫彈的儲存、核子發電廠的危險、化學工廠的毒害、食品工業管理的不善，在在都使人類猶如置身於一顆顆的定時炸彈旁。

　　數年前美國三里島核子發電廠的事故，幸而是一場虛驚。去年墨西哥城煤氣廠的爆炸，印度波帕耳（Bhopal）城化學工廠毒氣外洩，則都造成了嚴重的死傷。特別是印度那一次事故立時毒死兩千多人，受傷者數萬之眾，幾可媲美中世紀歐洲的黑死病，使當地的居民紛紛舉家外逃。

　　造成印度波帕耳城災害的永備公司（Union Carbide）在美國西佛吉尼亞州的另一家農藥廠，最近又發生有毒化學氣體外洩的事件。威脅到數百居民的健康，可見如此的意外，也同樣可以發生在科技先進的國家。所以在發展工業中，不能不具有格外的警惕與小心。檢視的職責不能全交給政府與工業界，一般的人民也應具有警惕心，勇於督責才成。歐洲各國的居民對這種事比較警覺，人民常常主動干預軍備及工業發展問題，對具有危險性的武器之儲存和有害化學工廠之設立，特別關心。印度人對這等事則

漠不關心，波帕耳城的居民大多數竟不知其城有美國永備公司農藥廠的存在，更不明瞭該廠所具有的潛在危害性，以致成了一群茫然無知的待宰羔羊。那次災禍除了農藥廠本身應負檢護不當之責外，印度政府和波帕耳當地居民也有一部分責任。前者不該不把該工廠的存在和危險性公告民眾，後者則昧於無知對自己的生存環境和權益漠不關心。

台灣也是個工業發展快速的地區，有許多工業肯定也存有某些潛在的危害性。例如多年前食物油中毒事件，至今仍有纏綿病榻的受害者。最近毒玉米外流案，威脅著所有居民的健康；核三廠的火災，也說明了意外難防。鑑於前車之鑑，政府應該向民眾公告各工業的性質及工業區的分佈情形；而人民也應該主動地督促政府及工業界善加檢護與預防，以免發生無法補償的災禍。

零散的個人當然無法起任何作用，民間應該有所組織，像柴松林教授領導的消費者文教基金會就是一個很好的例證。近年由於該基金會積極推動下，不但加強了消費者自保權益的意識，提高了一般民眾的警覺心，同時對於政府的衛生機構也盡到了督責與協助的責任。特別在食品管理上，如因此不出大紕漏，不僅是民眾之福，也是政府有關機構之福！

在其他方面，民間如果勇於負責，則可收到同樣的效果。

生存的權益應該把握在自己手裡，不可交於任何他人！

一九八四年十二月二十一日於英倫
一九八五年八月修正於台北

暴發戶的悲哀

　　貧窮固然難堪，暴發卻不一定就是幸運。財富增加，馬上就產生如何運用的問題。財富的運用不當，非獨不能造福，反足以釀成災禍。一般因勤奮及勞苦的經營致富的人，在致富的過程中，已漸漸學會了如何處理財富。怕的是獲得意外之財，像中了愛國獎券的頭獎之類，一日間立成巨富，這時候既不懂如何投資，又不知如何消費，這意外的錢財反倒成為一種意外的煩惱。不信，不妨調查一下每年中獎的人士，有幾個因此變成善於理財的資本家？

　　個人的暴發會帶來意外的困擾，一個國家、一個社會的暴發也會造成意想不到的問題。例如墨西哥前些年發現了石油，本該因此增加社會的財富，誰料得到反助長了外債的高築，幾致經濟破產。我們台灣如與東南亞幾個經濟發展神速的華人地區如香港和新加坡比較，也是屬於暴發的社會。香港自從上海和廣州失去了國際重要貿易港口的地位，自然取而代之而日漸發達。其經濟起飛比台灣早，財富的累積過程也較久，因此不能算作暴發。台灣和新加坡兩個地區卻真是最近的二十年暴起的。如拿這兩個暴發戶作比，在投資和消費方面，台灣遠不及新加坡有效。

　　我們只要看一看最近二十年的建築、交通、社會治安、衛生保健、環境維護、社會福利、教育措施、娛樂消遣等等，就知

道我們為暴發所付出的代價有多麼大。以上所提諸事，都具體地代表了一個社會的是否健全，而都需要相對的資金做為發展的基礎。如果我們在擁有了資金之後，還是以克難時期的態度來花錢，認為這些事都是不重要的，而寧願把全部資金投入再累積的過程，造成沒有實質福祉的資金暴長，或將大批資金存入外國銀行，聽其日漸貶值，如此的暴富又有何益？

目前我們的建築需要好好擘畫與設計、國民住宅應該美觀、價廉而有合理的貸款方式，使公民負擔得起。交通的紊亂應該要解決，衛生保健要加強。環境的維護已經到了非立即處理不可的嚴重關頭。社會福利、治安、娛樂等等都需要積極的投資，也就是需要我們捨得花錢，使我們所花的錢都具有實質的意義，而非造成無謂的呆賬及浪費！

遠在克難時期以前形成的立法院，除了為公民看緊錢袋以外，也要適應新形勢，研究學習如何適當地花錢，以俾代表人民督責政府如何把錢用在刀刃上。如果只守住錢袋而不用，與克難時期之貧困境況何異？

避免暴發後的悲哀，就是學習如何消費！

一九八五年二月十日於英倫

雙城記

　　香港與台北是今日東南亞兩個發展最快的大城,也是近年來東南亞觀光旅遊的重要城市。比起香港來,台北的發展還要快,因為香港在三十年前已經具有了今日的規模,台北比較現代的建築卻都是最近二十年中的成品。

　　二十年前從台北到香港的旅遊者還有些劉姥姥進大觀園的感覺,看到聳地而起的摩天大樓,紅色的雙層巴士、巨大的百貨公司、密密麻麻的各色霓虹彩招,林立的酒樓餐館,實在有些目迷五色。當時香港的任何一個商業區,其繁華的程度都遠超過那時候台北市的商業中心地帶西門町之上。可是二十年後的今日,情形就不一樣了。台北市也有了聳地而起的摩天大樓,也有了巨大的百貨公司,密密麻麻的霓虹彩招和林立的酒樓餐館,甚至有些地區可以超過香港。今日到香港旅遊的台北人,已經不再是老土,服飾上、態度上都與香港人不相上下。

　　但是論到建築和商業的繁榮,香港仍然在台北之上。香港的市區建設比較重視規劃和設計,從整體上看,香港有其特點;從美學的角度看,香港的建築也的確很有使人賞心悅目之處,而且很能顯示出其工商繁榮的氣派。比較起來,台北在整體規劃上顯得有些雜亂無章,在個體設計上,也沒有多少經得起審美的眼光凝視的建築物。在商業上台北也沒有香港那種處處皆是市中心的

感覺。兩地的貨品俱皆相當充實，不過台北的貨色在花樣上尚不及香港那麼繁多。

兩城的交通都很壅塞、紊亂，但台北交通紊亂尤超出於香港之上。在地下交通上，香港佔了先。香港現在擁有兩條比紐約、倫敦和巴黎都更要現代而快捷的地鐵，疏解了一部分擁塞的地上交通。但是因為香港的居室狹窄，市民有很多時間消磨在街頭，特別是天熱的季節，因此夏日的黃昏，彌敦道上便有行不得的現象。那時候，街上的人口密度可說已達到飽和，已難以找出任何一立方公尺的無人地帶。

今日兩城的居民雖然都肯於在服飾上投資，但香港一般人的服飾在剪裁和質料上恐怕仍超過台北的居民之上。特別是年輕的一代，香港的服飾特別新潮。相形之下，台北年輕人的服飾便顯得拘謹而保守。在行動上，香港的年輕人，也已十足的歐化。在地下車中擁吻廝磨的年輕人，其他的乘客均視若無賭，跟在巴黎、倫敦的地鐵中無異。這種現象台北的街頭仍然少見。

但是若談到文化，台北就大有足以自傲之處了。香港的報章雜誌雖然跟台北一樣繁多，但內容上除了股票、賽馬特別詳細外，其他均不能跟台北的報章雜誌相比。至於報紙的副刊比台北的報紙相差更加懸殊。這可以說明了香港欠缺文學的讀者。

因為香港是個純商業的城市，文字、藝術均不夠發達。在小說上是武俠、推理、言情的天下。品味稍高的讀者得依靠台灣文學的滋養。詩歌、散文幾乎尚是一片空白。居港的幾個詩人和散文家都在台北發表作品，正說明了香港在文學上的貧瘠情況。

　　唯一可使香港與台北較量的大概是戲劇和電影。香港除了一個政府的劇團經常公演外，近年也出現了許多生氣勃勃的業餘劇團。不過演出以粵語為主，只能局限於香港一地。香港有些劇團也常採用台北出版的劇本，但常省去作者姓名，大概是受了香港的出版商大量盜印台北的文學作品的影響。電影因為資本技術幾乎和藝術並重，所以香港和台北的電影可以說各有千秋。香港的電影資本雄厚、技術相當高明，但因缺乏文化性的陶冶，在藝術上尚未見有可觀的表現。這一點台北的電影工作者就了佔天時地利之便了。

　　台北在工商經營上有很多取法於香港之處，香港在文化滋養上則多有依仗台北之處。這兩個比鄰的以中國居民為主的大城，實在具有種種雙方面的居民尚未十分意識到的密切關係。

　　　　　　　　　　　一九八四年九月二十九日於英倫

失去靈魂的人

　　結構主義者把語言的結構看作是所有結構的「原型」，不是沒有道理的。如說人類的文化有他的起點，那就是從語言開始，沒有語言，即沒有文化之可言。語言的基本特點乃在其「獨斷性」，沒有道理可言。中國語言把「人」叫作「人」，英語卻說成「man」，法語說成「homme」，為什麼？沒有道理，約定俗成而已！

　　因此每一種文化也有其獨斷性，正如天生的人的面貌與性格，各有不同。屈己以從人，不但辦不到，也不可能！

　　語言是文化之始，也是文化的核心。你如想瞭解一種文化，非先從習其語言著手不行。後天學習來的第二種語言，無論說得多麼好，也比不上你原來的母語。你生氣罵人的時候，你的母語就自然流出來了；你夢中發囈語的時候，也準定說的是你的母語。為什麼？因為你的母語就是你的靈魂，其中包涵了整個的文化系統在內。如果你失掉了你的母語，就等於失掉了你的靈魂了。

　　現代交通便利，國際間往來頻繁。有很多人因為種種原因居留在異國，使用著母語以外的第二種語言，因為這種緣故而感覺到精神上的涸竭與痛苦。但是這些人總想盡法子或間歇性地向母體文化回歸，或盡力尋找機會接觸自己的母語與文字，以保持身心的平衡。

　　有些外來的移民，第二第三代都生在新的國土上，一開始學的就是當地的語文，應該很容易取得一個新的靈魂，但事實上不然。只要看看移居歐美的黑人，雖然已經遺傳了四、五代，說起當地的語言來與當地的文化集團仍然不同，內心中仍懷念著他們祖先的老根，就可見其靈魂所受斲喪之深了。

　　印度人因受英國多年的殖民，大多數受過教育的人都會說英語，但很多印度人說出來的英語英國人聽不懂。幸而今日的印度人表情達意，從事文化性的創造，仍依賴其本土的語文。加勒比海的一些地區，也因為過去英國的殖民以及今日美國的影響而襲用了英語，結果說出來的英語怪腔怪調，真正說英語的人聽不入耳，說這種洋涇濱英語的人也自覺慚愧，因而在情緒上大受窒息和壓抑，要想以這種連自己都沒有信心的語文來從事文化創造，很難！

　　再如目前的香港，仍然是英國的殖民地，受過教育的居民都會說英語。但這些人不管英語說得多麼流利，仍使人覺得空洞。香港之所以欠缺文化氣息，也創不出像樣的文學作品來，並不足為怪。

　　語言實在是一個人的靈魂，要想救靈魂，就得先救語言。如果一個民族創造不出偉大的文學作品，其語言一定發生了問題；如果一個民族失去了呼喊的能力，大多數人都沉默不語，其語言也一定發生了問題。語言本是自然形成的，怎會發生問題？但不幸今日的世界已並不那麼自然，政治、經濟都會直接干預語言的發展；一個民族的語言，不但極易受到損傷，而且嚴重到會失去了生命。

　　新加坡是一個以華人為主的國家，官方的語言卻是英語。李光耀為了經濟的發展，竭力推行英語以代替原來的華語，終致取消華校，把使用華語的南洋大學也合併進使用英語的新加坡大學之中。現在華語使用的機會越來越少，英語使用的機會越來越多。將來有一天，新加坡人恐怕只有在打架的時候使用華語了。因為打架的時候，人最缺乏自防，那時候靈魂就會趁機冒出頭來。使用英語的結果使新加坡與西方國家溝通非常方便，自然對經濟發展裨益非小。但李總理的政策是否得計，現在尚難評估，那就要看新加坡人在四五代以後是否可以取得一個新的靈魂？

　　現代化並不意味著要放棄自己的語文，西化也不必在語文上西化！語文之受外力的影響自不可避免，但若要想人為地予以破壞或放棄，那就要首先考慮考慮靈魂問題！

一九八四年十月八日於英倫

馬森著作目錄

一、學術論著

《莊子書錄》，台北：台灣師範大學國文研究所集刊，第二期，1958年

《世說新語研究》，台北：台灣師範大學國文研究所，1959年

《馬森戲劇論集》，台北：爾雅出版社，1985年9月

《文化·社會·生活》，台北：圓神出版社，1986年1月

《東西看》，台北：圓神出版社，1986年9月

《電影·中國·夢》，台北：時報出版公司，1987年6月

《中國民主政制的前途》，台北：圓神出版社，1988年7月

《國學常識》（馬森與邱燮友等合著），台北：東大圖書公司，1989年9月

《繭式文化與文化突破》，台北：聯經出版公司，1990年1月

《當代戲劇》，台北：時報文化出版公司，1991年4月

《中國現代戲劇的兩度西潮》，台南：文化生活新知出版社，1991年7月

《東方戲劇·西方戲劇》（《馬森戲劇論集》增訂版），台南：文化生活新知出版社，1992年9月

《西潮下的中國現代戲劇》（《中國現代戲劇的兩度西潮》修訂版），台北：書林出版公司，1994年10月

《二十世紀中國新文學史》（馬森、邱燮友、皮述民、楊昌年合著），板橋：駱駝出版社，1997年8月

《燦爛的星空──現當代小說的主潮》，台北：聯合文學出版社，1997年11月

《戲劇──造夢的藝術》（戲劇評論），台北：麥田出版社，2000年11月

《文學的魅惑》（文學評論），台北：麥田出版社，2002年4月

《台灣戲劇──從現代到後現代》，台北：佛光人文社會學院，2002年6月

《中國現代戲劇的兩度西潮》再修訂版，台北：聯合文學出版社，2006年12月

〈台灣實驗戲劇〉，收在張仲年主編《中國實驗戲劇》，上海人民出版
　　社，2009年1月，頁192-235。

《戲劇──造夢的藝術》（戲劇評論），台北：秀威資訊科技公司，2010
　　年12月

《文學的魅惑》（文學評論），台北：秀威資訊科技公司，2010年12月

《台灣戲劇──從現代到後現代》，台北：秀威資訊科技公司，2010年12月

《文學筆記》（文學評論），台北：秀威資訊科技公司，2010年12月

《與錢穆先生的對話》（學術評論），台北：秀威資訊科技公司，2011年4月

《文化・社會・生活》（社會評論），台北：秀威資訊科技公司，2011年9月

《中國文化的基層架構》（論著），台北：聯經出版公司，2012年3月。

《世界華文新文學史──中國現代文學的兩度西潮》（三卷本文學史），
　　台北：印刻出版公司，2014年12月。

《東西看》（社會評論），台北：秀威資訊科技公司，2014年9月

《中國民主政制的前途》（社會評論），台北：秀威資訊科技公司，2014
　　年9月

《虛式文化與文化突破》（社會評論），台北：秀威資訊科技公司，2014
　　年11月

二、小說創作

《康橋踏尋徐志摩的蹤徑》（馬森、李歐梵、李永平等合著），台北：環
　　宇出版社，1970年

《法國社會素描》，香港：大學生活社，1972年10月

《生活在瓶中》，台北：四季出版社，1978年4月

《孤絕》，台北：聯經出版公司，1979年9月

《夜遊》，台北：爾雅出版社，1984年1月

《北京的故事》，台北：時報出版公司，1984年5月

《海鷗》，台北：爾雅出版社，1984年5月

《生活在瓶中》，台北：爾雅出版社，1984年11月

《巴黎的故事》，台北：爾雅出版社，1987年10月（《法國社會素描》
　　新版）

《孤絕》，北京：人民文學出版社，1992年2月（加收《生活在瓶中》）

《巴黎的故事》，台南：文化生活新知出版社，1992年2月

《夜遊》，台南：文化生活新知出版社，1992年9月

《M的旅程》，台北：時報出版公司，1994年3月（紅小說二六）
《北京的故事》，台北：時報出版公司，1994年4月（新版、紅小說二七）
《孤絕》，台北：麥田出版社，2000年8月
《夜遊》，台北：九歌出版社，2000年12月
《夜遊》（典藏版）台北：九歌出版社，2004年7月
《巴黎的故事》，台北：印刻出版公司，2006年4月
《生活在瓶中》，台北：印刻出版公司，2006年4月
《府城的故事》，台北：印刻出版公司，2008年5月
《孤絕》，台北：秀威資訊科技公司，2010年12月
《夜遊》，台北：秀威資訊科技公司，2010年12月
《北京的故事》，台北：秀威資訊科技公司，2011年3月
《M的旅程》，台北：秀威資訊科技公司，2011年3月
《海鷗》，台北：秀威資訊科技公司，2012年3月

三、劇本創作

《西冷橋》（電影劇本），寫於1957年，未拍製
《飛去的蝴蝶》（獨幕劇），寫於1958年，未發表
《父親》（三幕），寫於1959年，未發表
《人生的禮物》（電影劇本），寫於1962年，1963年於巴黎拍製
《蒼蠅與蚊子》（獨幕劇），寫於1967年，發表於1968年冬《歐洲雜誌》
　　第9期
《一碗涼粥》（獨幕劇），寫於1967年，發表於1977年7月《現代文學》復
　　刊第1期
《獅子》（獨幕劇），寫於1968年，發表於1969年12月5日《大眾日報》
　　「戲劇專刊」
《弱者》（一幕二場劇），寫於1968年，發表於1970年1月7日《大眾日
　　報》「戲劇專刊」
《蛙戲》（獨幕劇），寫於1969年，發表於1970年2月14日《大眾日報》
　　「戲劇專刊」
《野鵓鴿》（獨幕劇），寫於1970年，發表於1970年3月4日《大眾日報》
　　「戲劇專刊」
《朝聖者》（獨幕劇），寫於1970年，發表於1970年4月8日《大眾日報》
　　「戲劇專刊」

《在大蟒的肚裡》（獨幕劇），寫於1972年，發表於1976年12月3～4日《中國時報》「人間副刊」，並收在王友輝、郭強生主編《戲劇讀本》，台北二魚文化，頁366-379。

《花與劍》（二場劇），寫於1976年，未發表，收入1978年《馬森獨幕劇集》，並選入1989《中華現代文學大系》（戲劇卷壹），台北九歌出版社，頁107-135，1993年11月北京《新劇本》第六期（總第60期）「93中國小劇場戲劇展暨國際研討會作品專號」轉載，頁19-26。（1997年英譯本收入 *Contemporary Chinese Drama*, Hong Kong, Oxford university Press, pp.253-374.）

《馬森獨幕劇集》（內收《一碗涼粥》、《獅子》、《蒼蠅與蚊子》、《弱者》、《蛙戲》、《野鵓鴿》、《朝聖者》、《在大蟒的肚裡》、《花與劍》九劇），台北：聯經出版社，1978年2月

《腳色》（獨幕劇），寫於1980年，發表於1980年11月《幼獅文藝》323期「戲劇專號」

《進城》（獨幕劇），寫於1982年，發表於1982年7月22日《聯合報》副刊

《腳色》（《馬森獨幕劇集》增補版，增收進《腳色》、《進城》，共11劇），台北：聯經出版社，1987年10月

《腳色——馬森獨幕劇集》，台北：書林出版公司，1996年3月

《美麗華酒女救風塵》（十二場歌劇），寫於1990年，發表於1990年10月《聯合文學》72期，游昌發譜曲

《我們都是金光黨》（十場劇），寫於1995年，發表於1996年6月《聯合文學》140期

《我們都是金光黨／美麗華酒女救風塵》，台北：書林出版公司，1997年5月

《陽台》（二場劇），寫於2001年，發表於2001年6月《中外文學》30卷第1期

《窗外風景》（四圖景），寫於2001年5月，發表於2001年7月《聯合文學》201期

《蛙戲》（十場歌舞劇），寫於2002年初，台南人劇團於2002年5月及7月在台南市、台南縣和高雄市演出六場，尚未出書。

《雞腳與鴨掌》（一齣與政治無關的政治喜劇），寫於2007年末，2009年3月發表於《印刻文學生活誌》。

《馬森戲劇精選集》，台北：新地出版社，2010年4月

《花與劍》（重編中英文對照本），台北：秀威資訊科技公司，2011年9月

《蛙戲》（重編話劇與歌舞劇本），台北：秀威資訊科技公司，2011年10月

《腳色》（重編本，內收《腳色》、《一碗涼粥》、《獅子》、《蒼蠅與蚊子》、《弱者》、《野鵓鴿》、《朝聖者》、《在大蟒的肚裡》、《進城》九劇及有關評論十一篇），台北：秀威資訊科技公司，2011年11月

四、散文創作

《在樹林裏放風箏》，台北：爾雅出版社，1986年9月
《墨西哥憶往》，台北：圓神出版社，1987年8月
《墨西哥憶往》，香港：盲人協會，1988年（盲人點字書及錄音帶）
《大陸啊！我的困惑》，台北：聯經出版公司，1988年7月
《愛的學習》，台南：文化生活新知出版社，1991年3月（《在樹林裏放風箏》新版）
《馬森作品選集》，台南：台南市立文化中心，1995年4月
《追尋時光的根》，台北：九歌出版社，1999年5月
《東亞的泥土與歐洲的天空》，台北：聯合文學出版社，2006年9月
《維成四紀》，台北：聯合文學出版社，2007年3月
《旅者的心情》，上海人民出版社，2009年1月
《漫步星雲間》，台北：秀威資訊科技公司，2011年4月
《大陸啊！我的困惑》，台北：秀威資訊科技公司，2011年4月
《台灣啊！我的困惑》，台北：秀威資訊科技公司，2011年4月
《墨西哥憶往》，台北：秀威資訊科技公司，2012年3月

五、翻譯作品

《當代最佳英文小說》導讀I（馬森、熊好蘭合譯），台南：文化生活新知出版社，1991年7月（筆名：飛揚）
《當代最佳英文小說》導讀II（馬森、熊好蘭合譯），台南：文化生活新知出版社，1991年10月（筆名：飛揚）
《小王子》（原著法國・聖德士修百里，飛揚譯），台南：文化生活新知出版社，1991年12月
《小王子》（原著法國・聖德士修百里，馬森譯），台北：聯合文學出版社，2000年11月

六、編選作品

《七十三年短篇小說選》，台北：爾雅出版社，1985年4月

《樹與女——當代世界短篇小說選（第三集）》，台北：爾雅出版社，
　　1988年11月

《潮來的時候——台灣及海外作家新潮小說選》（馬森、趙毅衡合編），
　　台南：文化生活新知出版社，1992年9月

《弄潮兒——中國大陸作家新潮小說選》（馬森、趙毅衡合編），台南：
　　文化生活新知出版社，1992年9月

馬森主編，「現當代名家作品精選」系列（包括胡適、魯迅、郁達夫、周
　　作人、茅盾、丁西林、沈從文、徐志摩、丁玲、老舍、林海音、朱西
　　甯、陳若曦、洛夫等的選集），台北：駱駝出版社，1998年6月。

馬森主編《中華現代文學大系1989-2003・小說卷》，台北：九歌出版社，
　　2003年10月

七、外文著作

1963

L'Industrie cinémathographique chinoise après la sconde guèrre mondiale (論文), Institut
　　des Hautes Études Cinémathographiques, Paris.

1965

"Évolution des caractères chinois", *Sang Neuf* (Les Cahiers de l'École Alsacienne, Paris),
　　No.11,pp.21-24.

1968

"Lu Xun, iniciador de la literatura china moderna",*Estudio Orientales*, El Colegio de
　　Mexico, Vol.III, No.3, pp.255-274.

1970

"Mao Tse-tung y la literatura:teoria y practica", *Estudios Orientales*, Vol.V, No.1, pp.20-37.

1971

"La literatura china moderna y la revolucion", *Revista de Universitad de Mexico*, Vol.
　　XXVI, No.1, pp.15-24.

"Problems in Teaching Chinese at El Colegio de Mexico", *Journal of the Chinese
　　Language Teachers Association in North America*, Vol.VI, No.1, pp.23-29.

La casa de los Liu y otros cuentos (老舍短篇小說西譯選編), El Colegio de Mexico, Mexico, 125p.

1977

The Rural People's Commune 1958-65: A Model of Social and Economic Development (Dissertation of Ph.D. of Philosophy at University of British Columbia, Canada).

1979

"Water Conservancy of the Gufengtai People's Commune in Shandong" (25-28 May, The Annual Conference of Association for Asian Studies).

1981

"Kuo-ch'ing Tu: *Li Ho* (Twayne's World Series), Boston, Twayne Publishers, 1979", *Bulletin of SOAS*, University of London, Vol. XLIV, Part 3, pp.617-618.

"*The Drowning of an Old Cat and Other Stories*, by Hwang Chun-ming (translated by Howard Goldblartt), Bloomington, Indiana University Press,1980", *The China Quarterly*, 88, Dec., pp.707-08.

1982

"Jeanette L. Faurot (ed.): *Chinese fiction from Taiwan: Critical Perspectives*, Bloomington: Indiana University Press, 1980", *Bulletin of the SOAS*, Unversity of London, Vol. XLV, Part 2, pp.383-384.

"Martine Vellette-Hémery: Yuan Hongdao (1568-1610): théorie et pratique littéraires, Paris, Collège de France, Institut des Hautes Études Chinoises, 1982", *Bulletin of the SOAS*, Unversity of London, Vol. XLV, Part 2, p.385.

1983

"Nancy Ing (ed.): *Winter Plum: Contemporary Chinese Fiction*, Taipei, Chinese Nationals Center,1982", *The China Quarterly*, ?, pp.584-585.

1986

"*Contemporary Chinese Literature: An Anthology of Post-Mao Fiction and Poetry*, edited with an Introduction by Michael S. Duke for the Bulletin of Concerned Asian Scholars, New York and London, M. E. Sharpe Inc., 1985", *The China Quarterly*, ?, pp.51-53.

1987

"L'Ane du père Wang", *Aujourd'hui la Chine*, No.44, pp.54-56.

1988

"Duanmu Hongliang: *The Sea of Earth*, Shanghai, Shenghuo shudian, 1938", *A Selective Guide to Chinese Literature 1900-1949*, Vol.1 The Novel, edited by Milena Dolezelova-Velingerova, E. J. Brill, Leiden • New York, KØbenhavn Köln, pp.73-74.

"Li Jieren: *Ripples on Dead Water*, Shanghai, Zhong hua shuju, 1936", *A Selective Guide to Chinese Literature 1900-1949*, Vol.1, The Novel, edited by Milena Dolezelova-Velingerova, E. J. Brill, Leiden • New York, KØbenhavn Köln, pp.116-118.

"Li Jieren: *The Great Wave*, Shanghai, Zhong hua shuju, 1937", *A Selective Guide to Chinese Literature 1900-1949*, Vol.1, The Novel, edited by Milena Dolezelova-Velingerova, E. J. Brill, Leiden • New York, KØbenhavn Köln, pp.118-121.

"Li Jieren: *The Good Family*, Shanghai, Zhong hua shuju, 1947", *A Selective Guide to Chinese Literature 1900-1949*, Vol.2, The Short Story, edited by Zbigniew Slupski, E. J. Brill, Leiden • New York, KØbenhavn Köln, pp.99-101.

"Shi Tuo: *Sketches Gathered at My Native Place*, Shanghai, Wenhua shenghuo chu banshee, 1937", *A Selective Guide to Chinese Literature 1900-1949*, Vol.2, The Short Story, edited by Zbigniew Slupski, E. J. Brill, Leiden • New York, KØbenhavn Köln, pp.178-181

"Wang Luyan: *Selected Works by Wang Luyan*, Shanghai, Wanxiang shuwu, 1936", *A Selective Guide to Chinese Literature 1900-1949*, Vol.2, The Short Story, edited by Zbigniew Slupski, E. J. Brill, Leiden • New York, KØbenhavn Köln, pp.190-192.

1989

"Father Wang's Donkey" (translated by Michael Bullock), *PRISM International*, Canada, Vol.27, No.2, pp.8-12.

"The Theatre of the Absurd in Mainland China: Gao Xingjian's *The Bus Stop*", *Issues & Studies*, National Chengchi University, Vol.25, No.8, pp.138-148.

1990

"The Celestial Fish" (translated by Michael Bullock), *PRISM International*, Canada, January 1990, Vol.28, No.2, pp.34-38.

"The Anguish of a Red Rose" (translated by Michael Bullock), *MATRIX* (Toronto, Canada), Fall 1990, No.32, pp.44-48.

"Cao Yu: *Metamorphosis*, Chongqing, Wenhua shenghuo chubanshe, 1941", *A Selective Guide to Chinese Literature 1900-1949*, Vol.4, The Drama, edited by Bernd Eberstein, E. J. Brill, Leiden • New York, KØbenhavn Köln, pp.63-65.

"Lao She and Song Zhidi: *The Nation Above All*, Shanghai Xinfeng chubanshe, 1945", *A Selective Guide to Chinese Literature 1900-1949*, Vol.4, The Drama, edited by Bernd Eberstein, E. J. Brill, Leiden • New York, KØbenhavn Köln, pp.164-167.

"Yuan Jun: *The Model Teacher for Ten Thousand Generations*, Shanghai, Wenhua shenghuo chubanshe, 1945", *A Selective Guide to Chinese Literature 1900-1949*, Vol.4, The

Drama, edited by Bernd Eberstein, E. J. Brill, Leiden • New York, KØbenhavn Köln, pp.323-326.

1991

"The Theatre of the Absurd in Mainland China: Kao Hsing-chien's *The Bus Stop*" in Bih-jaw Lin (ed.), *Post-Mao Sociopolitical Changes in Mainland China: The Literary Perspective*, Institute of International Relations, National Chengchi University, Taipei, pp.139-148.

"Thought on the Current Literary Scene", *Rendition* (A Chinese-English Translation Magazine), Nos.35 & 36, Spring & Autumn 1991, pp.290-293.

1997

Flower and Sword (Play translated by David E. Pollard) in Martha P.Y. Cheung & C.C. Lai (ed.), *Contemporary Chinese Drama*, Hong Kong, Oxford University Press, pp.353-374.

2001

"The Theatre of the Absurd in China: Gao Xingjian's *Bus-Stop*" in Kwok-kan Tam (ed.), *Soul of Chaos: Critical Perspectives on Gao Xingjian*, Hong Kong, The Chinese University Press, pp.77-88.

2006

二月，《中國現代演劇》（《中國現代戲劇的兩度西潮》韓文版，姜啟哲譯），首爾。

2013

Contes de Pékin, Paris, You Feng Libraire et Editeur, 170p.

八、有關馬森著作（單篇論文不列）

龔鵬程主編：《閱讀馬森──馬森作品學術研討會論文集》，台北：聯合文學出版社，2003年10月

石光生著：《馬森》（資深戲劇家叢書），台北：行政院文化建設委員會，2004年9月

廖玉如、廖淑芳主編：《閱讀馬森II──馬森作品學術研討會論文集》，台北：新地出版社，2014年9月

社會科學類　PF0147

繭式文化與文化突破

作　　者/馬　森
責任編輯/段松秀
圖文排版/周妤靜
封面設計/陳佩蓉

發 行 人/宋政坤
法律顧問/毛國樑　律師
出版發行/秀威資訊科技股份有限公司
　　　　　114台北市內湖區瑞光路76巷65號1樓
　　　　　電話：+886-2-2796-3638　傳真：+886-2-2796-1377
　　　　　http://www.showwe.com.tw
劃撥帳號/19563868　戶名：秀威資訊科技股份有限公司
　　　　　讀者服務信箱：service@showwe.com.tw
展售門市/國家書店（松江門市）
　　　　　104台北市中山區松江路209號1樓
　　　　　電話：+886-2-2518-0207　傳真：+886-2-2518-0778
網路訂購/秀威網路書店：http://www.bodbooks.com.tw
　　　　　國家網路書店：http://www.govbooks.com.tw

2014年11月　BOD一版
定價：230元
版權所有　翻印必究
本書如有缺頁、破損或裝訂錯誤，請寄回更換

國家圖書館出版品預行編目

繭式文化與文化突破 / 馬森著. -- 一版. -- 臺北
市 : 秀威資訊科技, 2014.11
　　面；　公分. -- (社會科學類 ; PF0147)
BOD版
ISBN 978-986-326-293-0 (平裝)

1. 文化研究　2. 文集

541.207　　　　　　　　　　　103018805

讀 者 回 函 卡

感謝您購買本書，為提升服務品質，請填妥以下資料，將讀者回函卡直接寄
回或傳真本公司，收到您的寶貴意見後，我們會收藏記錄及檢討，謝謝！
如您需要了解本公司最新出版書目、購書優惠或企劃活動，歡迎您上網查詢
或下載相關資料：http:// www.showwe.com.tw

您購買的書名：＿＿＿＿＿＿＿＿＿＿＿＿＿＿＿＿＿＿＿＿＿＿＿＿

出生日期：＿＿＿＿＿年＿＿＿＿＿月＿＿＿＿＿日

學歷：□高中 (含) 以下　　□大專　　□研究所 (含) 以上

職業：□製造業　□金融業　□資訊業　□軍警　□傳播業　□自由業
　　　□服務業　□公務員　□教職　　□學生　□家管　　□其它＿＿＿

購書地點：□網路書店　□實體書店　□書展　□郵購　□贈閱　□其他

您從何得知本書的消息？

　□網路書店　□實體書店　□網路搜尋　□電子報　□書訊　□雜誌
　□傳播媒體　□親友推薦　□網站推薦　□部落格　□其他＿＿＿＿＿

您對本書的評價：(請填代號　1.非常滿意　2.滿意　3.尚可　4.再改進)

　封面設計＿＿＿　版面編排＿＿＿　內容＿＿＿　文／譯筆＿＿＿　價格＿＿＿

讀完書後您覺得：

　□很有收穫　□有收穫　□收穫不多　□沒收穫

對我們的建議：＿＿＿＿＿＿＿＿＿＿＿＿＿＿＿＿＿＿＿＿＿＿＿＿

＿＿＿＿＿＿＿＿＿＿＿＿＿＿＿＿＿＿＿＿＿＿＿＿＿＿＿＿＿＿＿＿

＿＿＿＿＿＿＿＿＿＿＿＿＿＿＿＿＿＿＿＿＿＿＿＿＿＿＿＿＿＿＿＿

＿＿＿＿＿＿＿＿＿＿＿＿＿＿＿＿＿＿＿＿＿＿＿＿＿＿＿＿＿＿＿＿

11466
台北市內湖區瑞光路 76 巷 65 號 1 樓

秀威資訊科技股份有限公司　　　收

BOD 數位出版事業部

･･･

（請沿線對折寄回，謝謝！）

姓　　名：＿＿＿＿＿＿＿＿＿　年齡：＿＿＿＿　性別：□女　□男

郵遞區號：□□□□□

地　　址：＿＿＿＿＿＿＿＿＿＿＿＿＿＿＿＿＿＿＿＿＿

聯絡電話：(日)＿＿＿＿＿＿＿＿＿　(夜)＿＿＿＿＿＿＿＿＿

E-mail：＿＿＿＿＿＿＿＿＿＿＿＿＿＿＿＿＿＿＿＿＿